Franziska von Au

Der immerwährende Gartenplaner

Franziska von Au

Der immerwährende Gartenplaner

Gärtnern nach dem Mond

Mit Bauern- und Wetterregeln

CORMORAN

© 2000 Cormoran Verlag GmbH & Co. KG, München,
in der Econ Ullstein List Verlag GmbH & Co. KG
1. Auflage 2001
© Originalausgabe 1996 Ludwig Verlag in der
Econ Ullstein List Verlag GmbH & Co. KG

Redaktion: Christine Pfützner

Redaktionsleitung: Dr. Reinhard Pietsch

Fachliche Beratung: Dipl. Ing. Gartenbau Wilhelm Künast

Illustrationen: Beate Brömse

Umschlag: Hempel/Langkau, München

Layout: Dr. Alex Klubertanz

DTP/Satz: A&O Satzwerkstatt, München

Produktion: Manfred Metzger (Leitung) und Annette Aatz

Druck: Westermann Druck Zwickau GmbH

Printed in Germany
Gedruckt auf chlor- und säurearmem Papier

ISBN 3-517-09147-2

Inhalt

Vorwort

Selber gärtnern macht Freude – egal, ob im Garten, auf dem Balkon oder sogar auf der Fensterbank des Küchenfensters. Immer mehr Menschen wollen selbst sehen, wie es grünt und blüht, wie es wächst und gedeiht. Dieses Buch ist nicht für den fachlich versierten Gärtner gedacht, sondern für all jene, die selbst etwas anpflanzen wollen – vielleicht sogar zum ersten Mal –, um daran Freude zu haben.

Im folgenden werden Sie viele nützliche Anregungen und Tips finden:

- Wenn Sie Ihren Ziergarten mit einer bunten Vielfalt aus Pflanzen und Gehölzen in ein blühendes Paradies verwandeln wollen oder mit einer bunten Blumenwiese die Schmetterlinge wieder in Ihren Garten zurückholen möchten.
- Wenn Sie leckeres Gemüse zu allen Jahreszeiten knackfrisch aus dem eigenen Garten ernten oder mit selbst gepflanzten Kräutern Küche und Hausapotheke bereichern möchten.
- Wenn Sie Erdbeeren, Tomaten, Bohnen auf dem Balkon ziehen oder ihn mit blühenden und immergrünen Pflanzen zu einer kleinen »Gartenoase« machen wollen.

Dabei wurden auch die uralten Weisheiten unserer Vorfahren nicht vergessen: Bauern- und Wetterregeln, aber auch bewährte Pflanz- und Ernteregeln nach dem Stand des Mondes helfen Ihnen bei allen Arbeiten in Haus und Garten.

Mit vielen Ratschlägen aus der Praxis und erprobten Tips für umweltbewußtes Gärtnern wird Ihnen dieses Buch sicher bald zu einem unentbehrlichen Begleiter durch das Gartenjahr werden. Bleibt nur noch, Ihnen nicht nur beim Lesen, sondern auch bei der praktischen Anwendung viel Freude und Erfolg zu wünschen.

Franziska von Au

So finden Sie sich zurecht

Damit Sie immer den Überblick behalten, hat jeder Monat des Gartenjahres ein eigenes Kapitel bekommen.

● Zu Beginn wird jeweils kurz vorgestellt, woher der Monatsname kommt und welche Sitten und Gebräuche mit ihm verbunden sind. Auf heidnischen Volksglauben wurde dabei ebenso eingegangen wie auf christliches Brauchtum.

● Im darauf folgenden Monatskalender sind Tag für Tag die wichtigsten Heiligennamen sowie die »verworfenen« Tage, die Schwendtage (Seite 17), verzeichnet.

● Wenn Sie sich bei Ihren Gartenarbeiten nach dem Mond richten wollen, gibt Ihnen der Mondkalender mit dem täglichen Mondstand der nächsten sieben Jahre einen raschen Überblick.

● Danach folgen die Wetter- und Bauernregeln, aus denen Sie die jeweilige Großwetterlage ersehen können. Auch Hinweise auf den 100jährigen Kalender sowie die wichtigen »Lostage« (Seite 18) sind in den Wetterregeln enthalten, die dem Gärtner weitere Anhaltspunkte für seine Arbeit bieten.

● Ein kleiner Abschnitt in jedem Monat ist dem alten Volksglauben gewidmet. Von unseren Vorfahren ist uns eine Vielzahl von magischen Regeln und Gebräuchen überliefert. Sie orientieren sich an den Naturerscheinungen im Verlauf eines Jahres und spiegeln viel von dem alten Wissen wider, das uns modernen Menschen weitgehend verlorengegangen ist.

Danach geht's in die Praxis!

● In jedem Kapitel finden Sie eine Übersicht, was jetzt im Garten (und natürlich auf dem Balkon) blüht. Außerdem wird die »Pflanze des Monats« vorgestellt – wie sie aussieht, wann sie blüht und was bei Pflanzung und Pflege zu beachten ist.

● Auf einen Blick können Sie aus der Tabelle »Was jetzt zu tun ist« ersehen, welche Arbeiten im Zier-, Obst- und Gemüsegarten sowie auf dem Balkon in dem jeweiligen Monat anfallen. Die Seitenverweise führen Sie zu den Kapiteln, in denen einzelne Arbeitsschritte genauer erklärt sind.

Alpen-
veilchen

● Arbeit im Garten heißt heute auf jeden Fall im Einklang mit der Umwelt arbeiten. Sie werden deshalb in diesem Buch auch keine Empfehlung für Mineraldünger finden. Sie werden aber lesen, wie man eine Blumenwiese oder eine Wildhecke anlegt, wie man Schmetterlinge in den Garten (und sogar auf den Balkon) zurückholen kann – und natürlich auch, wie man mit natürlichen Mitteln Schädlinge im Garten vertreibt.
● Entsprechend der Jahreszeit sind in den einzelnen Kapiteln zahlreiche Pflanz- und Aussaat-Tabellen enthalten, außerdem viele Tips und Ratschläge zu allen Bereichen des Gartens. Dabei kommt auch die Gartengestaltung nicht zu kurz: Wenn Sie keinen reinen Nutzgarten möchten, sondern vor allem Freude an Blüten und Pflanzen haben, werden Sie in (fast) jedem Monat einige Vorschläge dazu finden. Wenn Sie sich als »Gemüsebauer« betätigen wollen, bieten Ihnen die zahlreichen Anregungen rund um das Gemüsebeet wertvolle Unterstützung für eine erfolgreiche Gemüseernte.

Sonne, Regen, Wind und Wetter

Bei den Eisheiligen kann man davon ausgehen, daß sie in nördlichen Gefilden etwa einen Tag früher einsetzen als im Süden. Die Kälte zieht von Norden nach Süden, und durch ein starkes Hoch über Osteuropa gelangt die kalte Luft erst etwas später nach Süden.

Bei allen Arbeiten im Garten oder dem Balkon ist das Wetter der wichtigste »Mitarbeiter«, dessen Eigenheiten man kennen muß, damit er beim Gärtnern von Nutzen sein kann.
Aus alter Überlieferung sind uns bestimmte »große« Wetterphasen bekannt: Sicher sind Ihnen die »Eisheiligen« oder die »Hundstage« ein Begriff. Selbst wenn sie nicht immer genau mit unserem heutigen Kalender übereinstimmen, gibt es viele Regelfälle beim Wetter, die sogar von den Meteorologen anerkannt werden. Solche Wetterphasen sind:
● das Weihnachtstauwetter kurz vor Weihnachten
● der erste Vorfrühling zwischen dem 10. und 20. März
● die Eisheiligen Mitte Mai
● die Schafskälte im Juni
● die Hundstage Ende Juli und
● der Altweibersommer von Ende September bis Mitte Oktober.

Genaue Wetteraufzeichnungen beweisen, daß es diese Wetter-
lagen in jedem Jahr gibt – mal stärker, mal schwächer.
Neben den »großen« kennt man viele »kleine« Wetterphasen,
die seit Jahrhunderten beobachtet und in Regeln gefaßt werden. Selbst Meteorologen geben zu: Mit einer Toleranzgrenze
von etwa sechs Tagen gelten auch die kleinen Regeln der Lostage (Seite 18).

*Abt Sebastian Knauer hat
in seinem 100jährigen
Kalender all diese Regeln
nicht nur aufgezeichnet,
sondern auch über Jahr-
zehnte hinweg geprüft. Sie
sind auch heute noch gültig.
Und wenn Sie in Ihrem
Garten oder auf dem Balkon
erfolgreich sein wollen,
sollten Sie diese Regeln
nicht außer acht lassen.*

Die »natürlichen« Jahreszeiten

Neben den vier allgemein bekannten Jahreszeiten Frühling,
Sommer, Herbst und Winter kennen Pflanzenbeobachter noch
die sogenannten »natürlichen« Jahreszeiten – insgesamt neun.
Die Phänologie (Lehre vom äußeren Erscheinungsbild) richtet sich danach, welche Pflanzen jeweils beim Eintritt einer
neuen Jahreszeit blühen. So unterscheidet man:

● Vorfrühling ab 10. März mit Beginn der Schneeglöckchenblüte
● Erstfrühling ab 28. März mit Beginn der Salweideblüte
● Vollfrühling ab 7. Mai mit Beginn der Apfelblüte
● Frühsommer ab 5. Juni mit Beginn der Holunderblüte
● Hochsommer ab 5. Juli mit Beginn der Winterlindenblüte
● Spätsommer ab 9. August mit Beginn der Haferernte
● Frühherbst ab 30. August mit Beginn der Herbstzeitlosenblüte
● Vollherbst ab 30. September mit der Aussaat des Winterroggens
● Spätherbst ab 24. Oktober mit Beginn des allgemeinen Laub-
falls und
● Winter ab Mitte November mit dem Ende der Feldarbeiten.

Der Einfluß der Planeten

Der Mond spielt ebenfalls eine Rolle bei der uralten Wettervoraussage, die sich an den Planeten orientiert: Jeweils am 21. März, dem Frühlingsbeginn, übernimmt nach der Lehre

Hic canet errantē Lunam, Solisʠ; labores
Arcturūʠ;,pluuiasʠ; hyad.gēinoʠ; triōes

der Astrologen einer der sieben Planeten für ein Jahr die Herrschaft und prägt durch seine besonderen Eigenschaften das Wetter dieses Jahres. Erfahrungswerte zeigen folgendes:

● Das Sonnenjahr (1996, 2003, 2010) wird mittelwarm und trocken.

● Das Venusjahr (1997, 2004, 2011) wird warm und feucht.

● Das Merkurjahr (1998, 2005, 2012) wird kalt und trocken.

● Das Mondjahr (1999, 2006, 2013) zeigt sich kalt und feucht.

● Das Saturnjahr (2000, 2007, 2014) wird meist kalt und feucht.

● Das Jupiterjahr (2001, 2008, 2015) gilt stets als warm und trocken.

● Das Marsjahr (2002, 2009, 2016) soll heiß und trocken werden.

▶ **Wichtig:** Selbstverständlich können diese Wetterregeln wie auch alle im folgenden Praxisteil gegebenen Empfehlungen nur ungefähre Anhaltspunkte darstellen, da sich das Wetter in den verschiedenen Regionen Deutschlands häufig stark voneinander unterscheidet. D. h., wenn Sie klimatisch gesehen in einer eher warmen Gegend leben – z. B. am Bodensee –, wird der richtige Zeitpunkt zum Säen, Pflanzen und Ernten ein anderer sein, als wenn Sie in einer rauheren Region zu Hause sind – beispielsweise im Voralpenland oder an der See.

Gärtnern mit dem Mond

Der Mond kontrolliert nicht nur die Gezeiten der großen Weltmeere, sondern beeinflußt auch alle Lebensbereiche – angefangen von unserer körperlichen und seelischen Befindlichkeit über das Verhalten der Tiere bis hin zu Aussaat, Wachstum und Ernte der Pflanzen. Die Kraft des Mondes können auch Sie sich bei Ihrer Arbeit im Garten oder auf dem Balkon zunutze machen.

Gärtnern nach den Mondphasen

Der Umlauf des Mondes um die Erde dauert etwas mehr als 28 Tage. Je nach seiner Stellung im Verhältnis zu Sonne und Erde durchläuft er verschiedene Phasen:
- Neumond (für knapp zwei Tage ist die von der Sonne angestrahlte Seite des Mondes von der Erde aus nicht sichtbar)
- Zunehmender Mond (die etwa 13tägige Phase zwischen Neu- und Vollmond = erstes und zweites Quartal)
- Vollmond (für knapp einen Tag ist die von der Sonne angestrahlte Seite des Mondes vollständig der Erde zugewandt)
- Abnehmender Mond (die etwa 13tägige Phase zwischen Voll- und Neumond = drittes und viertes Quartal).

Relativ einfach ist es, sich beim Gärtnern lediglich an die Mondphasen zu halten: vom Beginn eines Zyklus (Neumond) über den zunehmenden Mond, den Vollmond und den abnehmenden Mond wieder hin zu Neumond. Diese Methode hat sich gut bewährt und ist nicht allzu kompliziert. Ein Blick an den Himmel oder in den normalen Kalender genügt.

> ▶ **Grundsätzlich gilt:**
> - Bei zunehmendem Mond steigen die Säfte nach oben.
> - Bei abnehmendem Mond fließen die Säfte nach unten zu den Wurzeln.

Tannen behalten ihre Nadeln besonders lange, wenn man den Baum drei Tage vor dem elften Vollmond des Jahres (meist im November) schlägt. Früher erhielten diese Bäume vom Förster einen »Mondstempel« und waren etwas teurer als andere Christbäume. Auch Fichten nadeln dann nicht, sollten aber bis Weihnachten kühl gelagert werden.

So hilft der Mond — Mondphasen

Zunehmender Mond (1. Quartal)

- Kräutersamen aussäen
- Alle blühenden einjährigen Pflanzen und Rosen setzen
- Artischocken, Blumenkohl, Brokkoli, Brunnenkresse, Endiviensalat, Gurken, Kohl, Kohlrabi, Kopfsalat, Petersilie, Lauch, Sellerie, Spinat, Rosenkohl und andere Blattgemüsearten, die oberirdisch Früchte tragen, säen und pflanzen

Zunehmender Mond (1. und 2. Quartal)

- Körner aussäen (auch große Flächen, z.B. Rasen)
- Rasen mähen (wächst dann schnell und dicht)
- Pflanzen und Bäume veredeln
- Junge Triebe umtopfen
- Obst und Gemüse für den sofortigen Verbrauch ernten
- Pflanzen, Sträucher und Bäume wässern
- Komposthaufen anlegen

Zunehmender Mond (2. Quartal)

- Auberginen, Bohnen, Erbsen, Gartenkürbis, Knoblauch, Paprika, Porree, Schalotten, Tomaten, Wassermelonen, Zwiebeln säen und pflanzen
- Alle blühenden einjährigen Pflanzen und Rosen setzen
- Himbeeren, Brombeeren, Stachelbeeren pflanzen
- Düngen (am besten kurz vor Vollmond)
- Trauben ernten, aus denen Wein gekeltert wird (am besten kurz vor Vollmond)

Abnehmender Mond (3. Quartal)

- Kartoffeln, Möhren, Pastinak, Radieschen, Rüben, Steckrüben, Zwiebelsetzlinge, Rote Bete säen und pflanzen
- Erbsen, Erdbeeren, Rhabarber, Saatknollen, Salbei, Sonnenblumen, Zichorie säen und pflanzen
- Blühende mehrjährige Zwiebel- und Knollenpflanzen setzen
- Obstbäume (Apfel, Birne, Pfirsich, Pflaume) und andere Laubbäume pflanzen
- Torf ausstreuen

Abnehmender Mond (3. und 4. Quartal)

- Tomaten beschneiden
- Kompostdüngung ausbringen
- Unkraut jäten
- Bäume und Gehölze schneiden
- Rasen mähen (wächst dann nicht so schnell)
- Obst und Gemüse ernten, das eingelagert oder eingekocht wird.
- Blüten und Saaten sammeln, die eingelagert werden
- Kräuterwurzeln ausgraben
- Blätter und Rinden für die Hausapotheke sammeln
- Kräuter, Blumen und Früchte trocknen

Abnehmender Mond (4. Quartal)

- Obstbäume gegen Ungeziefer und Pilzbefall besprühen
- Holz fällen (am besten kurz vor Neumond)

Gärtnern nach den Tierkreiszeichen

Noch genauer – aber auch mit mehr Planung und Aufwand verbunden – ist es, sich über die Mondphasen hinaus nach dem Mondkalender zu richten, der außer den Mondphasen angibt, in welchem Tierkreiszeichen sich der Mond jeweils befindet. Dabei berücksichtigt man den Umstand, daß jeder Tag des Monats unter der Regentschaft eines der zwölf Sternzeichen steht. Innerhalb eines Mondzyklus durchläuft der Mond jedes dieser Sternzeichen einmal, wobei er in jedem Zeichen etwa zweieinhalb Tage steht.

Ausgehend von den vier Elementen Erde, Wasser, Luft, Feuer werden den einzelnen Sternzeichen in der Astrologie bestimmte Eigenschaften zugeordnet, die neben vielem anderen auch sämtliche Garten- und Feldarbeiten betreffen. Hier unterscheidet man Wurzeltage (= Element Erde), Blattage (= Element Wasser), Blütentage (= Element Luft) und Fruchttage (= Element Feuer):

- An den Wurzeltagen steht der Mond im Stier, in der Jungfrau oder im Steinbock.
- An den Blattagen steht der Mond in den Fischen, im Krebs oder im Skorpion.
- An den Blütentagen steht der Mond im Wassermann, in den Zwillingen oder in der Waage.
- An den Fruchttagen steht der Mond im Widder, im Löwe oder im Schützen.

In den jeweiligen Monatskalendern können Sie für die folgenden sieben Jahre nachlesen, wann der Mond die einzelnen Sternzeichen durchwandert; so erfahren Sie, wann jeweils Blüten-, Blatt-, Wurzel- und Fruchttage sind.

Wurde eine Kuh bei zunehmendem Mond gedeckt – so glaubte man früher –, bekam sie ein Stierkalb, bei abnehmendem Mond dagegen ein Kuhkalb. Der dritte Neumondtag war ein besonders günstiger Zeitpunkt zum Decken – vor allem, wenn dabei die Glocken läuteten.

So hilft der Mond – Tierkreiszeichen

Aus den Beobachtungen über viele Generationen hinweg sowie aus den Überlieferungen unserer Vorfahren und aus astrologischen Erkenntnissen hat sich für die Arbeit mit Pflanzen folgendes ergeben:

Mond im Widder (Fruchttag)

● Günstig: Der Mond im Widder beeinflußt Reife und Samenbildung, ist also eine gute Zeit zum Ernten. Auch graben, hacken und Unkraut jäten sollte man an Widdertagen, ebenso Obstbäume und -sträucher schneiden.

● Ungünstig: An Widdertagen sollten Sie nichts aussäen!

Mond im Stier (Wurzeltag)

● Günstig: Der Mond im Stier ist ideal zum Säen und Pflanzen – vor allem solcher Pflanzen, bei denen die Kraft des Mondes sich in Wurzeln und Knollen konzentrieren soll, d.h. Wurzelgemüse wie Kohlrabi, Radieschen, Kartoffeln, Möhren, Zwiebeln. Der Stiermond eignet sich auch hervorragend zum Verpflanzen: Alles wächst mühelos wieder an.

Mond im Zwilling (Blütentag)

● Günstig: Der Mond im Zwilling ist ideal zum Aussäen von Rank- oder Kletterpflanzen. Alles andere dagegen wird dünn und kraftlos! Gut ist der Zwillingsmond auch für Bodenpflege und Ernte. Wenn Sie Ihren Rasen an Zwillingstagen mähen, werden Sie staunen, wie langsam er nachwächst.

● Ungünstig: Jungen Rasen, der kräftig wachsen soll, dürfen Sie an Zwillingstagen nicht mähen!

Mond im Krebs (Blattag)

● Günstig: Der Mond im Krebs ist etwas ganz Besonderes, da er als Regent des Krebs jetzt »bei sich zu Hause« ist. Fruchtbarkeit ist hier sozusagen vorprogrammiert: Jede Art von Aussaat und

Pflanzung gedeiht jetzt bestens und wächst besonders schnell (ideal auch zum Salatsäen oder -pflanzen!). Krebstage sind sehr gut zum Gießen und Düngen von Garten-, Balkon- und Zimmerpflanzen, da sie das Wasser jetzt am besten aufnehmen.

Mond im Löwen (Fruchttag)

● Günstig: Gut sind Löwemondtage zum Rasenmähen, gründlichen Unkrautjäten und dauerhaften Entfernen all jener Pflanzen, die Sie nicht mehr im Garten oder auf dem Balkon haben wollen. Auch das Schneiden von Obstbäumen und -sträuchern ist an Löwetagen günstig. Die Wirkung verstärkt sich noch, wenn Sie solche Arbeiten an einem Tag im August tun, dem Monat des Löwen.

● Ungünstig: Tage, an denen der Mond im Löwen steht, gelten als besonders unfruchtbar. An diesen Tagen sollten Sie keinesfalls säen und anpflanzen, sonst laufen Sie Gefahr, daß Setzlinge verdorren, Samen nicht angehen.

Mond in der Jungfrau (Wurzeltag)

● Günstig: An Jungfrautagen ist es günstig, einjährige Sommerblumen und Kletterpflanzen zu säen oder anzupflanzen: Sie wachsen dann besonders schnell und blühen ausgiebig. Ebenfalls günstig: Ungeziefer entfernen und Unkraut jäten. Auch Pflanzen umzutopfen oder zu vermehren ist jetzt empfehlenswert.

● Ungünstig: Der Mond in der Jungfrau gilt als unfruchtbar: An solchen Tagen sollten Sie deshalb kein Gemüse pflanzen.

Mond in der Waage (Blütentag)

● Günstig: Der Mond in der Waage wird als stets fruchtbar und gut zum Säen und Pflanzen bezeichnet. Blumen sprechen besonders gut auf den Waagemond an, ebenso alle (blühenden) Pflanzen, die in die Höhe ranken. Wer jetzt Rosen pflanzt, wird sich über eine wahre Blütenpracht freuen können. Auch an diesen Tagen (bei zunehmendem Mond) gesetzte Stangenbohnen gedeihen gut.

Mond im Skorpion (Blattag)

● Günstig: Der Skorpionmond gilt – nach dem Krebsmond – als das fruchtbarste Zeichen. Wenn Sie jetzt aussäen oder anpflanzen, werden Sie reiche Ernte halten können. Mehrjährige Pflanzen, die man an Skorpiontagen anpflanzt, sind besonders widerstandsfähig, auch an frostkalten Tagen im Winter. Sehr gute Tage zum Gießen und Düngen Ihrer (Zimmer-)Pflanzen!

Mond im Schützen (Fruchttag)

● Günstig: Der Mond im Schützen gilt als gute Zeit sowohl für die Gartenpflege als auch für die Ernte. Der Schützemond regt die Fruchtbildung an: Wenn Sie Obstbäume und -sträucher anpflanzen wollen, sollten Sie sich an einen solchen Tag halten.
● Ungünstig: Zum Säen und Pflanzen aller anderen Pflanzen.

Mond im Steinbock (Wurzeltag)

● Günstig: Der Mond im Steinbock gilt als »halbfruchtbar«. Gut sind Steinbocktage zum Säen oder Pflanzen aller Gewächse, die unterirdische Früchte tragen. Der Steinbock beeinflußt außer den Wurzeln auch Stamm und Rinde: Sie können also gut Sträucher, Büsche und Bäume anpflanzen. Auch der Zeitpunkt zum Zurückschneiden ist jetzt günstig! Ebenso eignen sich diese Tage gut zum Kompostanlegen.
● Ungünstig: Jetzt keine blühenden Pflanzen setzen!

Mond im Wassermann (Blütentag)

● Günstig: Der Mond im Wassermann ist bestens geeignet zum Jäten und Graben und zur Schädlingsbekämpfung.
● Ungünstig: Jetzt nichts säen und anpflanzen!

Mond in den Fischen (Blattag)

● Günstig: Der Mond in den Fischen gilt wie Krebs und Skorpion als besonders fruchtbar. Jetzt können Sie alles säen und anpflanzen, vor allem Wurzelgemüse, Zwiebel- und Knollenpflanzen. Sehr gute Tage zum Gießen und Düngen Ihrer (Zimmer-)Pflanzen!

Düngen mit dem Mond

Sowohl bei der Gründüngung (Seite 89) als auch bei allen anderen Düngerarten (einschließlich Mist) sollten Sie ebenfalls auf den Mondstand achten:

● Säen Sie die Pflanzen für die Gründüngung stets bei abnehmendem Mond. Auch das Abschneiden und Einarbeiten in den Boden sollte bei abnehmendem Mond (am besten im vierten Quartal) geschehen.

● Jauche wirkt besonders gut bei Vollmond. Um das Grundwasser zu schützen, darf sie niemals bei zunehmendem Mond ausgebracht werden!

● Wenn Sie ausnahmsweise einmal Mineraldünger verwenden, sollten Sie ihn bei zunehmendem Mond ausbringen. Dann wird er nämlich von den Pflanzen sparsamer aufgenommen.

Brennholz sollte man am besten im Oktober im ersten Quartal des zunehmenden Mondes schlagen; auch die Zeit nach der Wintersonnenwende bei abnehmendem Mond ist gut für Brennholz geeignet.

Ernten mit dem Mond

Bei der Obst- und Gemüseernte sollten Sie in jedem Fall den Stand des Mondes beachten:

● Obst und Gemüse behalten ihren Geschmack länger und sind auch viel haltbarer, wenn Sie es stets bei abnehmendem Mond (d.h. im dritten und vierten Quartal) ernten. Früchte zum Konservieren dürfen ruhig noch ein wenig hart sein.

● Früchte und Obst zum Trocknen sollten Sie ebenfalls nur bei abnehmendem Mond sammeln und ernten, am besten auch noch an Fruchttagen (Löwe, Schütze, Widder).

● Kartoffeln, die Sie für die Saat brauchen, sollten bei Vollmond geerntet werden, denn dann wachsen sie besser an. Kartoffeln, zum Einlagern ernten Sie dagegen bei abnehmendem Mond.

▶ **Wichtig:** Achtung vor Tagen, an denen der Mond in den Fischen steht! Was Sie jetzt ernten, sollten Sie schnell verzehren und nicht konservieren. Es wird sonst bald schlecht und schmeckt fade.

Konservieren mit dem Mond

Himbeeren

Wenn die Marmelade nicht so recht gelingt, wenn das Gelee einfach nicht fest wird, wenn das eingemachte Gemüse schon nach kurzer Zeit schimmelt – haben Sie auf den Mond geachtet? Wenn Sie sich nach seinen Phasen bzw. nach den Tierkreiszeichen richten, bleibt eingelegtes Gemüse länger haltbar, ist eingemachtes Obst saftiger, werden Säfte gehaltvoller. Dann können Sie manchmal sogar auf künstliche Geliermittel verzichten oder kommen mit der halben Menge aus. Hier haben sich einige alte Regeln zum Einkochen bewährt:

● Marmeladen, Gelees, in Alkohol eingelegte Früchte, Wein und Most verarbeiten Sie am besten bei abnehmendem Mond. Alles ist dann länger haltbar, weil die Früchte nicht so schnell gären. Hervorragend geeignet vor allem für Marmelade und Gelee sind außerdem die Tage, an denen der Mond im Stier, Skorpion oder Wassermann steht.

Viele bäuerliche Regeln beziehen sich auch auf die einzelnen Mondphasen (Seite 9); so soll es z.B. drei bis fünf Tage nach Neu- oder Vollmond häufig regnen.

● Obst und Gemüse machen Sie stets bei abnehmendem Mond ein, am besten, wenn er im Krebs oder Skorpion steht.

● Kraut hobeln und einlegen sollten Sie nur bei abnehmendem Mond, wenn er im Zeichen Schütze, Steinbock oder Wassermann steht. Wenn Sie es bei zunehmendem Mond einlegen, müssen Sie mit schneller Gärung rechnen.

Selbst wenn Sie nicht einkochen, sondern Gemüse und Obst auf moderne Weise haltbar machen, nämlich einfrieren, sollten Sie den Mond nicht außer acht lassen:

● An Fruchttagen (Löwe, Widder, Schütze) eingefrorenes Gemüse und Obst hält besser! Beim Wiederauftauen wird es nicht so wäßrig und zerfällt auch kaum.

▶ **Wichtig:** Unbedingt vermeiden sollten Sie alles Einmachen und Konservieren an Tagen, in denen der Mond in der Jungfrau steht – egal, ob bei ab- oder zunehmendem Mond –, da es sonst schneller zu Schimmelbildung kommt. Auch Krebstage sind nicht sonderlich gut zum Einmachen!

Kräuter sammeln mit dem Mond

Auch beim Sammeln und Ernten von Kräutern ist es sinnvoll, sich nach dem Mond zu richten:

● Kräuter zum Trocknen sollten Sie bei abnehmendem Mond sammeln und ernten, am besten auch noch an Fruchttagen (Löwe, Schütze, Widder).

● Wurzeln sollte man stets bei Vollmond oder abnehmendem Mond ausgraben und nicht dem Sonnenlicht aussetzen: Die Stunden vor Sonnenaufgang oder die späten Abendstunden sind am besten zum Ausgraben geeignet.

● Blätter sammeln Sie am besten bei zunehmendem Mond. Einzige Ausnahme: Die Brennessel sollte man bei abnehmendem Mond pflücken, und den Tee auch nur dann trinken.

● Blüten pflückt man stets bei zunehmendem Mond oder Vollmond. Will man die Pflanzen trocknen, eignet sich der abnehmende Mond besser: Die Blüten trocknen dann schneller.

● Früchte und Samen zum sofortigen Gebrauch erntet man bei zunehmendem Mond. Wenn Sie sie trocknen und lagern wollen, ist ebenfalls der abnehmende Mond besser geeignet.

Backen Sie immer dann, wenn der Mond in Schütze, Krebs, Waage oder Steinbock steht. Der Teig geht dann besser auf und Brot oder Kuchen werden lockerer.

Basilikum

Die besonderen Tage des Jahres

Beim Gärtnern lohnt es, nicht nur die Wetter- und Bauernregeln sowie den jeweiligen Mondstand zu beachten, sondern auch die besonderen Tage des Jahres:

»Verworfene« Tage (Schwendtage)

Die »verworfenen« Tage, auch Schwendtage genannt, lassen sich auf heidnischen Glauben aus römischer Zeit zurückführen, der sich bis in unsere Tage hinein erhalten hat. Die verworfenen Tage gibt es in jedem Monat – lediglich der Dezember ist davon ausgenommen.

17

Wer Holz zum Bauen braucht, schlägt dies am besten in den letzten Dezembertagen. Dann fault es nicht und wird auch nicht wurmig. Gutes Bauholz bekommt man aber auch, wenn man die Bäume im November bei abnehmendem Mond schlägt.

Wenn Sie diese bäuerliche Tradition auch bei Ihrer Arbeit im Garten und auf dem Balkon berücksichtigen wollen: An den Schwendtagen sollte man der Überlieferung nach am besten nichts Neues in Haus und Hof, in Stall und Stube beginnen sowie auf Reisen verzichten (früher galt dies sogar für Reisen in das nächste Dorf, was allerdings für unsere Ahnen mitunter schon großen Aufwand bedeutete). Und früher führte der Dorfbader an den »dies aries« – so die Bezeichnung aus der Zeit römischer Herrschaft – niemals einen Aderlaß durch.

> ▶ **Holzschlagtage:** Als Schwendtage wurden in noch älterer Zeit jene Tage des Jahres bezeichnet, die als besonders günstig für den Holzschlag galten. Zu diesen Tagen zählten der 3. April, der 22. Juni, der 30. Juli, der 15. August und der 8. September.

Lostage

Ebenfalls wichtig und aus uraltem Bauernwissen übernommen sind die Lostage (ahd. lozen = in die Zukunft schauen), die Sie jeweils in den einzelnen Monaten bei den Wetter- und Bauernregeln finden. So werden all jene Tage eines Monats genannt, von denen man bestimmte Wetterprophezeiungen ableitet. Für Bauer und Gärtner sind die Lostage die Meilensteine für die je

nach Jahreszeit anfallende Feld- und Gartenarbeit.

Die wichtigsten Lostage des Jahres sind:

● 2. Februar: Mariä Lichtmeß
● 22. Februar: Petri Stuhlfeier
● 25. März: Mariä Verkündigung
● 27. Juni: Siebenschläfertag
● 15. August: Mariä Himmelfahrt
● 24. August: Bartholomäustag sowie
● die Tage zwischen Weihnachten und dem Dreikönigstag.

Losnächte

Los- oder Rauhnächte wiederum werden bestimmte Nächte des Jahres genannt, in denen man früher mit Hilfe von Wahrsagetechniken, etwa Bleigießen oder in den Brunnen schauen, in die Zukunft zu blicken versuchte. So gelten als Losnächte jeweils die Nacht vor dem

- 30. November: Andreastag
- 25. Dezember: Weihnachtstag
- 1. Januar: Neujahrstag
- 6. Januar: Dreikönigstag

Je nach Region gibt es noch weitere wichtige Losnächte (so etwa in Bayern die zwölf Nächte zwischen Weihnachten und dem Dreikönigstag).

▶ **Noch ein »Tip« zum Schluß:** Vergessen Sie bitte bei alledem nicht, daß Ihnen alle Mondphasen und Tierkreiszeichen, alle Los- oder Schwendtage nichts nützen, wenn Sie etwa keinen guten Gartenboden haben oder die Erde in Ihren Balkonkästen nicht die richtige ist. Und natürlich spielt das Wetter eine wichtige Rolle: Es nützt nichts, mit der Aussaat zu beginnen, wenn's zwar im Mondkalender steht, der Boden in diesem Jahr im März aber noch tief gefroren ist. Neben dem Gespür für Pflanzen ist also der gesunde Menschenverstand der beste Garant für erfolgreiches Gärtnern!

Wer Holzwurm vermeiden will, sollte Bäume dann schlagen, wenn der Mond seit drei Tagen abnimmt und die Sonne im Steinbock steht.

Januar
der
Wintermond

Der römische Pförtnergott Janus stand Pate für den Monatsnamen Januar. Aufgrund eines Erlasses von Papst Innozenz XII. gilt der 1. Januar erst seit 1691 als Neujahrstag. Davor hatte es für den Beginn eines neuen Jahres kein festes Datum gegeben, sondern man kannte nur ganz allgemein die »heilige Zeit« um Weihnachten herum. In den Januar fällt die zweite Hälfte der zwölf Rauh- oder Losnächte, die am 21. Dezember beginnen und bis zum Dreikönigstag am 6. Januar dauern. »Losnacht« kommt von althochdeutsch »lozen« für Wahrsagen, in die Zukunft schauen. In dieser Zeit treiben nach alter Überlieferung auch die Geister und Dämonen ihr Unwesen, die Seelen der Verstorbenen haben Ausgang und die »Wilde Jagd« des alten Gottes Wotan ist unterwegs. Zum Jahresbeginn ist deshalb in vielen Regionen das Neujahrsanschießen Brauch, denn durch den Krach sollten ursprünglich die bösen Geister vertrieben werden.

Steinbock
vom 22. Dezember
bis zum 20. Januar

Das finden Sie im Januar

Januarkalender

1.	Basilius, Fulgentius, Wilhelm von Dijon	
2.	Gregor, Dietmar	Schwendtag
3.	Irmina, Genoveva	Schwendtag
4.	Marius, Roger	Schwendtag
5.	Emilie	
6.	Kaspar, Melchior, Balthasar	
7.	Knud, Reinold, Sigrid	
8.	Severin, Erhard, Gundula, Heinrich	
9.	Adrian, Julian, Eberhard	
10.	Agathe	
11.	Johannes, Mathilde	
12.	Benedikt, Ernst, Hilda	
13.	Gottfried	
14.	Felix, Pia, Reiner	
15.	Arnold, Konrad, Paulus	
16.	Heinrich, Ulrich	
17.	Beatrix	
18.	Regine	Schwendtag
19.	Heinrich von Staufen, Marius, Sara	
20.	Elisabeth, Fabian, Sebastian	
21.	Agnes, Klara	
22.	Vinzenz, Walter	
23.	Eugen, Hartmut, Heinrich	
24.	Arno, Bernhard	
25.	Eberhard, Wolfram	
26.	Albert, Edith, Roswitha	
27.	Gerhard	
28.	Karoline, Thomas von Aquin	
29.	Arnulf	
30.	Martina	
31.	Emma	

	2001	2002	2003	2004	2005	2006	2007
1.	Mo ☽ ♓	Di ☾ ♌	Mi ☾ ♐	Do ☽ ♉	Sa ☾ ♍	So ☽ ♑	Mo ☽ ♊
2.	Di ☽ ♈	Mi ☾ ♌	Do ● ♑	Fr ☽ ♉	So ☾ ♍	Mo ☽ ♒	Di ☽ ♊
3.	Mi ☽ ♈	Do ☾ ♍	Fr ☽ ♑	Sa ☽ ♉	Mo ☾ ♎	Di ☽ ♒	Mi ○ ♋
4.	Do ☽ ♈	Fr ☾ ♍	Sa ☽ ♒	So ☽ ♊	Di ☾ ♎	Mi ☽ ♓	Do ☾ ♋
5.	Fr ☽ ♉	Sa ☾ ♍	So ☽ ♒	Mo ☽ ♊	Mi ☾ ♏	Do ☽ ♓	Fr ☾ ♌
6.	Sa ☽ ♉	So ☾ ♎	Mo ☽ ♓	Di ☽ ♋	Do ☾ ♏	Fr ☽ ♈	Sa ☾ ♌
7.	So ☽ ♊	Mo ☾ ♎	Di ☽ ♓	Mi ○ ♋	Fr ☾ ♐	Sa ☽ ♈	So ☾ ♍
8.	Mo ☽ ♊	Di ☾ ♏	Mi ☽ ♓	Do ☾ ♋	Sa ☾ ♐	So ☽ ♉	Mo ☾ ♍
9.	Di ○ ♋	Mi ☾ ♏	Do ☽ ♈	Fr ☾ ♌	So ☾ ♑	Mo ☽ ♉	Di ☾ ♍
10.	Mi ☾ ♋	Do ☾ ♐	Fr ☽ ♈	Sa ☾ ♌	Mo ● ♑	Di ☽ ♊	Mi ☾ ♎
11.	Do ☾ ♌	Fr ☾ ♐	Sa ☽ ♉	So ☽ ♍	Di ☽ ♒	Mi ☽ ♊	Do ☾ ♎
12.	Fr ☾ ♌	Sa ☾ ♑	So ☽ ♉	Mo ☾ ♍	Mi ☽ ♒	Do ☽ ♋	Fr ☾ ♏
13.	Sa ☾ ♍	So ● ♑	Mo ☽ ♉	Di ☾ ♎	Do ☽ ♓	Fr ☽ ♋	Sa ☾ ♏
14.	So ☾ ♍	Mo ☽ ♑	Di ☽ ♊	Mi ☽ ♎	Fr ☽ ♓	Sa ○ ♋	So ☾ ♏
15.	Mo ☾ ♎	Di ☽ ♒	Mi ☽ ♊	Do ☾ ♎	Sa ☽ ♈	So ☾ ♌	Mo ☾ ♐
16.	Di ☾ ♎	Mi ☽ ♒	Do ☽ ♋	Fr ☾ ♏	So ☽ ♈	Mo ☾ ♌	Di ☾ ♐
17.	Mi ☾ ♏	Do ☽ ♓	Fr ☽ ♋	Sa ☾ ♏	Mo ☽ ♈	Di ☾ ♍	Mi ☾ ♑
18.	Do ☾ ♏	Fr ☾ ♓	Sa ○ ♋	So ☾ ♐	Di ☽ ♉	Mi ☾ ♍	Do ☾ ♑
19.	Fr ☾ ♏	Sa ☾ ♓	So ☾ ♌	Mo ☾ ♐	Mi ☽ ♉	Do ☾ ♍	Fr ● ♒
20.	Sa ☾ ♐	So ☽ ♈	Mo ☾ ♌	Di ☾ ♑	Do ☽ ♊	Fr ☾ ♎	Sa ☽ ♒
21.	So ☾ ♐	Mo ☽ ♈	Di ☾ ♍	Mi ● ♑	Fr ☽ ♊	Sa ☾ ♎	So ☽ ♓
22.	Mo ☾ ♑	Di ☽ ♉	Mi ☾ ♍	Do ☽ ♒	Sa ☽ ♋	So ☾ ♏	Mo ☽ ♓
23.	Di ☾ ♑	Mi ☽ ♉	Do ☾ ♎	Fr ☽ ♒	So ☽ ♋	Mo ☾ ♏	Di ☽ ♈
24.	Mi ● ♑	Do ☽ ♉	Fr ☾ ♎	Sa ☽ ♓	Mo ☽ ♋	Di ☾ ♏	Mi ☽ ♈
25.	Do ☽ ♒	Fr ☽ ♊	Sa ☾ ♏	So ☽ ♓	Di ○ ♋	Mi ☾ ♐	Do ☽ ♈
26.	Fr ☽ ♒	Sa ☽ ♊	So ☾ ♏	Mo ☽ ♈	Mi ☽ ♌	Do ☾ ♐	Fr ☽ ♉
27.	Sa ☽ ♓	So ☽ ♋	Mo ☾ ♐	Di ☽ ♈	Do ☾ ♌	Fr ☾ ♑	Sa ☽ ♉
28.	So ☽ ♓	Mo ○ ♋	Di ☾ ♐	Mi ☽ ♈	Fr ☾ ♌	Sa ☾ ♑	So ☽ ♊
29.	Mo ☽ ♓	Di ☾ ♌	Mi ☾ ♑	Do ☽ ♉	Sa ☾ ♍	So ● ♒	Mo ☽ ♊
30.	Di ☽ ♈	Mi ☾ ♌	Do ☾ ♑	Fr ☽ ♉	So ☾ ♍	Mo ☽ ♒	Di ☽ ♋
31.	Mi ☽ ♈	Do ☾ ♍	Fr ☾ ♑	Sa ☽ ♊	Mo ☾ ♎	Di ☽ ♓	Mi ☽ ♋

23

Wetter- und Bauernregeln

Die Buchstaben C, M und B, die zusammen mit der Jahreszahl auf vielen Haustüren stehen, sind die Anfangsbuchstaben der Heiligen Drei Könige – Caspar, Melchior und Balthasar. Eine andere Deutung besagt: Christus Mansionem Benedictet, was bedeutet: Christus segne dieses Haus.

Die Bauern nannten früher den ersten »richtigen« Wintermonat auch Hartung. Gemäß einer alten Bauernregel soll »der Januar vor Kälte knacken«, denn alles, was bereits im Herbst gesät wurde, ist dann durch eine dicke Schneedecke vor Frost geschützt. »Januar warm, daß Gott erbarm'!« warnt eine andere Bauernregel. Mit anderen Worten: Ein warmer Jahresbeginn mit viel Sonne, milder Luft und den ersten zartgrünen Spitzen im Garten bringt Ihnen als Gärtner nicht viel Glück. Sie können sicher sein: Der Winter kommt früher oder später nochmals zurück – und dann ist's um die vorwitzigen Pflänzchen, die schon die ersten Triebe aus der Erde streckten, meist geschehen. Wenn Ihnen das Wetter also einen Strich durch die Rechnung macht, müssen Sie dafür Sorge tragen, daß Ihre Pflanzen die gewiß kommenden kalten Zeiten bestens überstehen.

● Weitere Bauernregeln für den Januar: Neujahrsnacht still und klar deutet auf ein gutes Jahr. Ist Heiligdreikönig (6.) sonnig und still, der Winter vor Ostern nicht weichen will. An Agathe (10.) Sonnenschein bringt viel Korn und Wein. Wächst das Gras im Januar, ist's im Sommer in Gefahr. Ist der Paulustag (15.) gelinde, folgen im Frühling rauhe Winde. Kommt der Frost im Januar nicht, zeigt im Lenz er sein Gesicht. An Fabian und Sebastian (20.) fängt oft der rechte Winter an. Wenn Agnes und Vinzenz (21. und 22.) kommen, wird neuer Saft im Baum vernommen. Bringt Martina (30.) Sonnenschein, hofft man auf viel Korn und Wein.

Vor allem in den Alpenländern wird das neue Jahr mit dem Ansingen oder Anblasen begrüßt. In vielen Dörfern kennt man auch noch die Sternsinger, die um den Dreikönigstag singend von Haus zu Haus ziehen und dafür kleine Geschenke bekommen.

Volksglaube

Da in den Losnächten die Arbeit ruhte, hatte man auf dem Bauernhof viel Zeit, um in der Stube zu sitzen und sich Geschichten zu erzählen. Nach alter Überlieferung kündigte ein kalter Januar gute Ernte an. War dieser Monat hingegen regenreich und ohne Schnee, sollten im Laufe des folgenden Jahres viele Frauen sterben.

Was jetzt im Garten blüht

Sogar jetzt im Januar müssen Sie auf Farbe im Garten nicht ganz verzichten. So blüht die *Zaubernuß (Hamamelis mollis)* mit ihren gelben bis roten Blüten von Januar bis April, der rosafarbene *Duftschneeball (Viburnum fragans)* von Januar bis März, die rosa, rote oder weiße *Schneeheide (Erica carnea)* von Dezember bis April und die rosa *Winterkirsche (Prunus subhirtella)* von Dezember bis April.

Für die Bergbauern beginnt das neue Jahr eigentlich erst an Dreikönig. Dieser Tag war früher der mächtigen heidnischen Gottheit Frau Perchta geweiht. Sie zeigte zwei Gesichter – einmal als freundliche, gütige Gestalt, aber auch als böse und strafende Erscheinung. Frau Perchta zog mit ihrem Heer (dem Seelenheer der ungetauften Kinder) über Land und brachte Winterstürme, aber auch Glück und Fruchtbarkeit für das kommende Jahr.

Winterkirsche

Pflanze des Monats: Die Zaubernuß

Den Samen der *Zaubernuß (Hamamelis)* wurde früher besondere Zauberwirkung zugeschrieben. In ihrer Heimat China ein bis zehn Meter hoher Strauch, ist sie bei uns meist schwachwüchsig und erreicht im Alter eine Höhe von nur drei bis vier Metern. Gepflanzt wird sie wie alle Gehölze (Seite 164) im Frühjahr oder Herbst; wegen der Blüte im Winter ist ein sonniger bis halbschattiger Standort nahe am Haus empfehlenswert. Die Blütezeit dauert von Januar bis März/April, die Blüten sind reingelb bis rot. Außerdem verfärbt sich das Laub im Herbst je nach Sorte feuerrot bis goldgelb. Die Blätter der Zaubernuß ähneln denen der Haselnuß (Abbildung Seite 20).

Was im Januar zu tun ist

Allgemeines

♦ Winterschutz gegen austrocknende Kälte (Sonne und Wind) kontrollieren; frostempfindliche Pflanzen abdecken (Schilfmatten, Folien, Seite 177)

♦ Schwere Schneelasten von den Ästen schütteln

♦ Gartengeräte in Ordnung bringen (Seite 45)

Ziergarten

♦ Im Freien Frostkeimer (z.B. Iris, Eisenhut, Primel, Enzian, Tränendes Herz) aussäen (mit ganz wenig Erde bedecken, Seite 112)

♦ Knollen- und Zwiebelpflanzen in Töpfen vortreiben lassen (in geheiztem Raum)

♦ An milden Tagen Ziergehölze zurückschneiden (Seite 40)

♦ An trockenen, frostfreien Tagen immergrüne Nadelgehölze und Bäume wässern (Seite 178)

Gemüsegarten

♦ Unter Glas aussäen (Seite 38): Salat, Saatzwiebeln, Sommerlauch, Weißkohl, Spitzkohl, Wirsing, Rotkohl, Kohlrabi

♦ Im Freien (evtl. unter Folie) aussäen (Seite 112): Spinat

♦ Wintergemüse ernten: Grünkohl, Porree, Feldsalat, Rosenkohl, Radicchio, Pastinak

Obstgarten

♦ An milden Tagen Obstbäume und Beerensträucher zurückschneiden (Seite 40)

♦ Obstlager kontrollieren (Seite 160); matschige oder angefaulte Früchte entfernen

Balkon

♦ Knollen und Blumenzwiebeln im Winterlager auf Ausfälle (matschig, angefressen) überprüfen, ggf. aussortieren

♦ Mehrjährige Balkonpflanzen im Winterlager überprüfen, ob sie ausreichend hell und nicht zu feucht stehen (Seite 27)

♦ Ende Januar Geranien wieder einpflanzen und in kühlen Räumen (7–12°C) anwachsen lassen

♦ Samenpelargonien in Anzuchttöpfen aussäen (in geheiztem Raum, Seite 39)

♦ Kübelpflanzen im Winterlager überprüfen:
• ob sie treiben; ggf. nochmals zurückschneiden
• ob sie Schädlinge haben; ggf. entfernen (Seite 145)
• ob sie Wasser brauchen; alle vierzehn Tage gießen bzw. besprühen

Sonstiges

♦ Kataloge für die Gartenplanung anfordern

Kübelpflanzen im Winterlager

Ins Winterlager gehören alle mediterranen Kübelpflanzen, die keinen starken Frost vertragen:

● Frost (bis −3° C) vertragen, sofern sie bereits abgehärtet sind: *Kamelie, Lorbeer, Olive, Granatapfel, Wollmispel, Jasmin, Echte Feige, Sternjasmin, Klebsame, Erdbeerbaum* und *Hanfpalme*.

● Leichten Frost (um 0° C) vertragen: *Oleander, Strauchmargerite, Bleiwurz, Rosmarin, Myrte* und *Feigen-Opuntie*.

● Kübelpflanzen müssen ausreichend hell stehen und dürfen nur alle 14 Tage ein wenig gegossen werden. Wenn sie zu treiben beginnen, brauchen sie mehr Licht. Sie fühlen sich bei 5° bis 12° C am wohlsten, d.h. frostsicher, aber nicht zu warm!

Lorbeer

Balkonpflanzen überwintern

Ins Winterlager gehören auch alle mehrjährigen Balkon- und Ziergartenpflanzen. Je nach Art benötigen sie eine individuellere Behandlung (Knollen- und Zwiebelpflanzen Seite 144):

Pflanze	Botanischer Name	Temperatur/Licht	Wasserbedarf
Dahlie	*Dahlia-Hybriden*	*3 bis 10 °C/dunkel*	*leicht feucht*
Fuchsie	*Fuchsia-Hybriden*	*3 bis 10 °C/hell*	*relativ trocken*
Geranie	*Pelargonie*	*3 bis 10 °C/mäßig hell*	*relativ trocken*
Indisches Blumenrohr	*Canna indica*	*3 bis 10 °C/mäßig hell*	*leicht feucht*
Margeritenstrauch	*Crysanthemum-Arten*	*5 bis 10 °C/hell*	*relativ trocken*

Planen für das Gartenjahr

Das Christentum konnte alte heidnische Bräuche nicht ausrotten. Im Mittelalter erfand man deshalb prächtige »Mysterienspiele«, die immer an hohen Festtagen, auch am Dreikönigstag, aufgeführt wurden. An diesem Tag ging in früheren Zeiten das Familienoberhaupt mit einer Räucherpfanne durch sämtliche Räume von Haus und Hof und räucherte sie gegen böse Geister und Unheil. In den Kirchen wurde am Vorabend des 6. Januar Salz, Weihrauch und das »Dreikönigswasser« geweiht, das man in einem Fläschchen mit nach Hause nahm, um während des Ausräucherns die Zimmer damit zu besprengen.

Ganz gleich, ob Sie einen Nutzgarten oder ein blühendes Paradies um sich haben wollen – der Januar ist die beste Zeit zum Planen und um Samen und Pflanzen für die kommende Saison zu bestellen.

Sie haben einen Obst- oder Gemüsegarten oder wollen sich in diesem Jahr einen anlegen? Dann lohnt sich die Überlegung, ob Sie nicht einige »alte« Obst- oder Gemüsesorten wieder aufleben lassen wollen. Bei Äpfeln bietet sich dies auf jeden Fall an: Wir kennen heute zwar viele hundert Apfelsorten, doch bei den meisten – vor allem den im Handel erhältlichen – ist nur noch die Optik wichtig, kaum mehr der Geschmack. Mit Äpfeln aus dem eigenen Garten dagegen werden Sie dies kaum erleben. Erkundigen Sie sich bei Baumschulen und Züchtern nach »alten« Sorten, z. B. *Geheimrat Dr. Oldenburg, Horneburger Pfannkuchen, Finkenwerder Prinzenapfel, Brettacher Sämling.* Auch manches Gemüse geriet in Vergessenheit und ist so langsam wieder im Kommen, etwa *Pastinak*, auch *Hammelmöhre* oder *Moorwurzel* genannt. Schon im Mittelalter war diese Pflanze bekannt, deren Geschmack an Mohrrübe und Petersilie erinnert und die man als Beigabe zu Gemüsesuppen und -gerichten verwendet. *Rübstiel*, auch *Stielmus* genannt, läßt sich wie die *Mairübe* in jedem normalen Garten leicht ziehen.

Selbst exotische Obst- und Gemüsearten kann man bei uns gut im Garten oder sogar auf dem Balkon ziehen: Sie können *Ananas, Heidelbeeren, Kapstachelbeeren, Kiwi, Nashi, Nektarinen, Baumtomaten,* ja sogar *Feigen* und *Zitrusfrüchte* im Freien – manche auch im Kübel mit Überwinterung in der Wohnung – anpflanzen. Familie und Freunde werden staunen, wenn Sie die erste Ernte Ihrer Exoten servieren!

Das Gartentagebuch

Für den Gärtner ist der Januar der Monat des Planens und Vorausschauens. Wenn Sie in diesem Jahr mit dem Gärtnern beginnen wollen, legen Sie am besten ein Gartentagebuch an, denn wer alles beständig aufzeichnet, hat stets einen guten Überblick: Bewährtes behält man bei, bei Mißerfolgen probiert man etwas Neues aus.

In ein solches Gartentagebuch tragen Sie nicht gerade täglich, aber doch wenigstens Woche für Woche ein, was Sie im Garten oder auf dem Balkon tun:

- was Sie säen und pflanzen
- wie Sie gießen und düngen
- wie Ihre Pflanzen gedeihen.
- Wer sich nach dem Mond richtet (Seite 9), hält natürlich auch fest, wie der Mond an bestimmten Arbeitstagen stand. So können Sie sich über Jahre hinweg eigene Mondregeln erstellen, oder aber überprüfen, ob die allgemein bekannten Mondregeln auch für Ihre Gartenarbeit zutreffen.
- Nicht fehlen dürfen die Wetterdaten. Dann können Sie leichter nachvollziehen, warum eine Saat nicht angegangen ist, warum Sie im Gemüsegarten eine Mißernte hatten, aus welchem Grund Ihr Balkon kein Blütenmeer war.
- Wer einen Gemüsegarten hat, wird sich auch mit Kulturfolgen und Mischkulturen (Seite 57) beschäftigen:
- Welches Gemüse pflanzen Sie in diesem Jahr auf welchem Beet an?
- Welcher Boden ist dieses Jahr eher ausgelaugt und muß besonders behandelt werden?
- Welcher Standort trug eher wenig Früchte, welcher brachte üppige Ernte?
- Dazu gehören auch Notizen zu Bodenbearbeitung, Düngung und Mulchen (Seite 91).
- Wichtig sind außerdem Vermerke über Nutztiere und Schädlinge: Wie fördern bzw. bekämpfen Sie sie (Seite 145)?

Im bäuerlichen Arbeitsjahr war der Januar früher die Zeit, in der die Männer fast ausschließlich damit beschäftigt waren, das Holz aus dem Hochwald herunterzuholen. Mit einem Fuhrwerk war das oft nicht möglich, sondern nur mit dem Schlitten ohne Zugvieh. Einige Knechte blieben auf dem Hof, um das Vieh zu versorgen. Die »Weibsleut'« waren in dieser Zeit mit dem Ausbessern und Flicken der Wäsche beschäftigt, strickten Strümpfe und warme Schals und spannen Wolle, Werg und Flachs.

Wer Obst über den Winter einlagert (Seite 160), sollte regelmäßig überprüfen, ob noch alles gesund und in Ordnung ist: Sortieren Sie Früchte mit Druckstellen oder solche, die von Schädlingen befallen sind, sofort aus – sonst »stecken« sie ihre Nachbarn an.

Februar
der
Hungermond

Die fiktive Märtyrerin Febronia, die nach dem immerwährenden Heiligenkalender am 25. Juni ihren Namenstag feiert, stand Pate für den Februar. Ursprünglich ist der Monatsname jedoch auf die römische Göttin Juno Februata zurückzuführen, die als Schutzherrin der Liebesleidenschaft (lat. febris) galt; ihr zu Ehren gab es in diesem Monat stets orgiastische Feiern. Der Karneval, bei dem mit viel Mummenschanz die bösen Geister des Winters vertrieben werden, geht möglicherweise auf diese alten Riten zurück.

Der Februar heißt auch Hornung oder »Hungermond«, weil sich jetzt am deutlichsten zeigte, ob die Ernte des vergangenen Jahres gut und reichlich war: Die Vorräte neigten sich langsam dem Ende zu, und wer arm war, mußte nun Hunger leiden, denn nur die begüterten Bauern hatten zu dieser Jahreszeit noch reichlich Vorräte gehortet. Übrigens: Am 14. Februar wird mit einem Blumenstrauß der Valentinstag gefeiert.

*Wassermann
vom 21. Januar
bis zum 19. Februar*

Das finden Sie im Februar

Februarkalender

1.	Brigitte, Dietmar	
2.	Maria Lichtmeß, Alfred, Dietrich	
3.	Blasius	Schwendtag
4.	Christian, Johanna, Veronika	
5.	Agatha, Adelheid, Ida	
6.	Dorothea	Schwendtag
7.	Richard, Romuald, Thomas	
8.	Elfriede, Philipp, Salomon	Schwendtag
9.	Anna Katharina, Appolonia, Lambert	
10.	Gabriel, Hugo, Wilhelm	
11.	Anselm, Theodor	
12.	Antonius, Eulalia	
13.	Adolf, Gisela, Gregor, Ekkehard	
14.	Valentin, Bruno, Konrad	
15.	Georgia, Siegfried	
16.	Juliana, Philippa	Schwendtag
17.	Benignus	
18.	Susanna	
19.	Arnold, Bonifatius, Irmgard	
20.	Falko, Ulrich	
21.	Eleonora, Irene	
22.	Petrus von Antiochien, Isabella, Margareta	
23.	Otto, Romana, Robert	
24.	Ida, Matthias	
25.	Viktor, Walburga	
26.	Adalbert, Alexander, Mechthild	
27.	Gabriel, Veronika	
28.	Elisabeth, Silvana	
29.	Oswald, August (am 28., wenn kein Schaltjahr ist)	

Wurzeltag = ♉ ♍ ♑   Blattag = ♓ ♋ ♏   Blütentag = ♒ ♊ ♎   Fruchttag = ♈ ♌ ♐

	2001	2002	2003	2004	2005	2006	2007
1.	Do ☽ ♉	Fr ☾ ♍	Sa ● ♒	So ☽ ♊	Di ☾ ♏	Mi ☽ ♓	Do ☽ ♌
2.	Fr ☽ ♉	Sa ☾ ♎	So ☽ ♒	Mo ☽ ♊	Mi ☾ ♏	Do ☽ ♈	Fr ○ ♌
3.	Sa ☽ ♊	So ☾ ♎	Mo ☽ ♓	Di ☽ ♋	Do ☾ ♏	Fr ☽ ♈	Sa ☾ ♌
4.	So ☽ ♊	Mo ☾ ♍	Di ☽ ♓	Mi ☽ ♋	Fr ☾ ♐	Sa ☽ ♉	So ☾ ♍
5.	Mo ☽ ♋	Di ☾ ♏	Mi ☽ ♓	Do ☽ ♌	Sa ☾ ♐	So ☽ ♉	Mo ☾ ♍
6.	Di ☽ ♋	Mi ☾ ♐	Do ☽ ♈	Fr ○ ♌	So ☾ ♑	Mo ☽ ♊	Di ☾ ♎
7.	Mi ☽ ♋	Do ☾ ♐	Fr ☽ ♈	Sa ☾ ♍	Mo ☾ ♑	Di ☽ ♊	Mi ☾ ♎
8.	Do ○ ♌	Fr ☾ ♑	Sa ☽ ♉	So ☾ ♍	Di ● ♒	Mi ☽ ♊	Do ☾ ♎
9.	Fr ☾ ♍	Sa ☾ ♑	So ☽ ♉	Mo ☾ ♍	Mi ☽ ♒	Do ☽ ♋	Fr ☾ ♏
10.	Sa ☾ ♍	So ☽ ♑	Mo ☽ ♉	Di ☾ ♎	Do ☽ ♓	Fr ☽ ♋	Sa ☾ ♏
11.	So ☾ ♎	Mo ☾ ♒	Di ☽ ♊	Mi ☾ ♎	Fr ☽ ♓	Sa ☽ ♌	So ☾ ♐
12.	Mo ☾ ♎	Di ● ♒	Mi ☽ ♊	Do ☾ ♏	Sa ☽ ♈	So ☽ ♌	Mo ☾ ♐
13.	Di ☾ ♎	Mi ☽ ♓	Do ☽ ♋	Fr ☾ ♏	So ☽ ♈	Mo ○ ♌	Di ☾ ♐
14.	Mi ☾ ♏	Do ☽ ♓	Fr ☽ ♋	Sa ☾ ♐	Mo ☽ ♉	Di ☾ ♍	Mi ☾ ♑
15.	Do ☾ ♏	Fr ☽ ♓	Sa ☽ ♋	So ☾ ♐	Di ☽ ♉	Mi ☾ ♍	Do ☾ ♑
16.	Fr ☾ ♐	Sa ☽ ♈	So ☽ ♌	Mo ☾ ♑	Mi ☽ ♊	Do ☾ ♎	Fr ☾ ♒
17.	Sa ☾ ♐	So ☽ ♈	Mo ○ ♌	Di ☾ ♑	Do ☽ ♊	Fr ☾ ♎	Sa ● ♒
18.	So ☾ ♑	Mo ☽ ♉	Di ☾ ♍	Mi ☾ ♒	Fr ☽ ♊	Sa ☾ ♎	So ☽ ♓
19.	Mo ☾ ♑	Di ☽ ♉	Mi ☾ ♍	Do ☾ ♒	Sa ☽ ♋	So ☾ ♏	Mo ☽ ♓
20.	Di ☾ ♑	Mi ☽ ♉	Do ☾ ♎	Fr ● ♓	So ☽ ♋	Mo ☾ ♏	Di ☽ ♈
21.	Mi ☾ ♒	Do ☽ ♊	Fr ☾ ♎	Sa ☽ ♓	Mo ☽ ♌	Di ☾ ♐	Mi ☽ ♈
22.	Do ☾ ♒	Fr ☽ ♊	Sa ☾ ♏	So ☽ ♓	Di ☽ ♌	Mi ☾ ♐	Do ☽ ♉
23.	Fr ● ♓	Sa ☽ ♋	So ☾ ♏	Mo ☽ ♈	Mi ☽ ♌	Do ☾ ♑	Fr ☽ ♉
24.	Sa ☽ ♓	So ☽ ♋	Mo ☾ ♐	Di ☽ ♈	Do ○ ♍	Fr ☾ ♑	Sa ☽ ♊
25.	So ☽ ♓	Mo ☽ ♌	Di ☾ ♐	Mi ☽ ♉	Fr ☾ ♍	Sa ☾ ♒	So ☽ ♊
26.	Mo ☽ ♈	Di ☽ ♌	Mi ☾ ♑	Do ☽ ♉	Sa ☾ ♎	So ☾ ♒	Mo ☽ ♋
27.	Di ☽ ♈	Mi ○ ♍	Do ☾ ♑	Fr ☽ ♊	So ☾ ♎	Mo ☾ ♓	Di ☽ ♋
28.	Mi ☽ ♉	Do ☾ ♍	Fr ☾ ♒	Sa ☽ ♊	Mo ☾ ♎	Di ● ♓	Mi ☽ ♋
29.				So ☽ ♊			

Wetter- und Bauernregeln

Wichtigster Lostag ist der 2. Februar, Mariä Lichtmeß. An diesem Tag wechselten früher auf dem Land Mägde und Knechte ihren Dienstherrn. Der Lohn für das ganze Jahr wurde ausbezahlt und neuer Lohn ausgehandelt; dazu gab es jeweils noch das »Ausg'machte«: Kleidung, Schuhe und natürlich die Wegzehrung bis zum Antritt einer neuen Arbeitsstelle. Der einzige Urlaub im Jahr wurde jetzt gewährt: die sogenannte »Schlenklweil'« bis zum 5. Februar.

Im Februar wird es langsam Zeit, sich auf die Feld- bzw. Gartenarbeit vorzubereiten – wie früher und noch heute die Bauern. Jetzt ist genaue Wetterbeobachtung wichtig, denn starker Frost könnte der Saat schaden und die harte Herbstarbeit des vergangenen Jahres zunichte machen. Regen dagegen wünscht sich jetzt jeder Gärtner. Denn eine alte Regel besagt: »Wenn's im Februar regnerisch ist, hilft's soviel wie guter Mist.« Wichtigster Lostag (Seite 18) ist der Lichtmeßtag am 2. Februar. Um ihn ranken sich unzählige Bauernregeln: »Gibt's an Lichtmeß Sonnenschein, wird's ein spätes Frühjahr sein.« Oder: »Scheint an Lichtmeß die Sonne, geraten die Bienen gut.« Und auch: »Wenn's an Lichtmeß stürmt und schneit, ist der Frühling nicht mehr weit.« Der Februar gilt merkwürdigerweise als kältester Monat des Jahres, obwohl überlieferte Wetterbeobachtungen der vergangenen 200 Jahre das ganz anders zeigen. Auch die Regel »Schaltjahr ist Kaltjahr« stimmt bei weitem nicht immer. Sogar in nördlichen Gefilden Deutschlands kann es in manchen Jahren bis zu 15°, im Süden bis zu 20°C warm werden. Jetzt im Februar merken Sie es ganz deutlich: Die Tage werden wieder länger – am Monatsende etwa eine Stunde mehr als zum Jahresbeginn. Mehr Licht hat natürlich auch für Garten und Balkon Bedeutung: Die ersten Frühlingsblüher im Garten zeigen sich jetzt.

Am 14. Februar, dem Valentinstag, soll Judas Ischariot geboren worden sein – der Apostel, der Jesus Christus verraten hat. Deshalb galt dieser Tag als Unglückstag. Donnerte es am 14. Februar, so war dies ein Vorzeichen dafür, daß viele reiche Leute sterben sollten.

● Weitere Bauernregeln für den Februar: Sonnt sich der Dachs in der Lichtmeßwoch', eilt auf vier Wochen er wieder ins Loch. Sankt Blasius (3.) stößt dem Winter die Hörner ab. Sankt Agatha, die Gottesbraut (5.), macht, daß Schnee und Eis gern taut. Ist's an Apollonia (9.) feucht, der Winter sehr spät entweicht. Ist Sankt Eulalia (12.) Sonnenschein, bringt's viel Obst und guten Wein. Im Februar zuviel Sonne am Baum, läßt dem Obst keinen Raum. Wenn's friert an Petri Stuhlfeier (22.), friert's noch vierzehnmal heuer. Sankt Matthias (24.) hab' ich lieb, denn er gibt dem Baum den Trieb.

Volksbrauch

Das alte Sprichwort »Spinnen am Abend erquickend und labend, Spinnen am Morgen bringt Kummer und Sorgen« rührt von dem Brauch her, die Spinnstube auf dem Bauernhof am 2. Februar zu schließen. Ab jetzt gab es genügend andere Arbeiten auf dem Hof: Im Februar wurde der Mais von den Kolben abgestreift, Stamm- und Arbeitsholz mußte gehackt werden, und dabei halfen auch die Frauen. Wer sein Geld dagegen mit Spinnen verdienen mußte – also schon morgens am Spinnrad saß –, gehörte zu den Armen.

Was jetzt im Garten blüht

An Lichtmeß, dem 2. Februar, werden in manchen Gemeinden noch sogenannte Wetterkerzen geweiht. In Lichterprozessionen bittet man um guten Erntesegen. Früher wurden an diesem Tag so viele Kerzen geweiht, wie man das ganze Jahr hindurch benötigte. Dann standen die Wachszieher an den Kirchenportalen und verkauften ihre Ware.

Im Februar blühen jetzt das weiße *Schneeglöckchen (Galanthus nivalis)*, der gelbe *Winterling (Eranthis hyemalis)*, der gelb- und lilafarbene *Vorfrühlingskrokus (Crocus ancyrensis)*, das rosa oder weiße *Frühlingsalpenveilchen (Cyclamen coum)* und die blau-, weiß- und gelbblühende *Zwiebel-Iris (Iris danfordiae)*.

Winterling

Pflanze des Monats: Das Schneeglöckchen

Im Februar strecken sich Blätter und Blüten der *Schneeglöckchen (Galanthus nivalis)* oft noch durch eine dicke Schneedecke. Ab Mitte April wird das Laub dann gelb, und spätestens zum Sommerbeginn ist die ganze Pflanze wieder verschwunden. Schneeglöckchen kann man gut im Rasen anpflanzen. Sie mögen einen sonnigen bis halbschattigen Standort, der nach der Blüte einigermaßen trocken und nicht zu feucht sein sollte. Man setzt Schneeglöckchen am besten in kleinen Gruppen. Stehen sie zu dicht – zu erkennen an der fehlenden Blüte im darauffolgenden Jahr –, sollten Sie die Pflanzen teilen (Seite 118) und dann gleich wieder einpflanzen. Schon sehr früh – bereits im November – blühen *Galanthus nivalis reginae-olgae* oder – im Dezember – *Galanthus nivalis corcyrensis*. Beide brauchen jedoch einen sehr sonnigen Standort (Abbildung Seite 30).

Schneeglöckchen kann man nicht vortreiben, d.h., wenn Sie die Zwiebeln im Topf ziehen wollen, werden Sie kaum Erfolg haben.

Was im Februar zu tun ist

Allgemeines

♦ Bei mildem Wetter Beete rechen

♦ Schneckengelege entsorgen (Seite 145)

♦ Bei mildem Wetter: Fichten auf Läusebefall überprüfen; ggf. oft mit scharfem Wasserstrahl absprühen

Ziergarten

♦ Ab Mitte Februar: Levkojen in Saatkistchen aussäen (Seite 39)

♦ Sommerblumen mit langer Vorkultur und Samengeranien am Blumenfenster aussäen (Seite 39)

♦ Knollen und Zwiebeln vortreiben

♦ Spätblühende Clematis zurückschneiden (Seite 40)

♦ Ziergehölze zurückschneiden (Seite 40)

Gemüsegarten

♦ Mistbeet oder warmes Frühbeet anlegen (Seite 37)

♦ Folien zur Bodenerwärmung auflegen (Seite 37)

♦ Unter Glas aussäen (Seite 38): Endivien, Saatzwiebeln, Blumenkohl, Sommerbrokkoli, Kohlrabi, Puffbohnen, Sommerlauch, Paprika, Artischocken, Tomaten, Kopfsalat

♦ Unter Folie aussäen (Seite 37): Pflücksalat (Lollo rosso, roter und gelber Eichblattsalat), Schnittsalat, Bindesalat, Stielmus

♦ Im Freien aussäen (Seite 112): Spinat, Gartenkresse

♦ Unter Glas pflanzen (Seite 38): Kopfsalat, Kohlrabi, Rettich

♦ Frühkartoffeln im Keller warm und dunkel vorkeimen

♦ Letzten Feldsalat, Grünkohl, Rosenkohl ernten

Obstgarten

♦ Bis spätestens Ende Februar: Obstbäume zurückschneiden (Seite 40)

♦ Beerensträucher und Weinspalier schneiden (Seite 40)

♦ Spalierobst evtl. schattieren

♦ Obstlager kontrollieren (Seite 160)

♦ Vögel nicht mehr füttern

Balkon

♦ Töpfe, Kübel und Balkonkästen säubern

♦ Immergrüne Pflanzen an frostfreien Tagen gießen (Seite 178)

♦ Kübelpflanzen gießen, auf Schädlinge untersuchen; ggf. absammeln (Seite 145)

Sonstiges

♦ Knollenbegonien und Dahlien vortreiben und vermehren (Seite 118)

♦ Pflanzen, Samen, Stauden und Ziergehölze bestellen

♦ Gartenwerkzeuge in Ordnung bringen (Seite 45)

Voranzucht für den Garten

Zum Keimen braucht das Samenkorn Feuchtigkeit und Wärme, der Sämling darüber hinaus Licht und hohe Luftfeuchtigkeit. Alles das gibt es allerdings in unseren Breiten um diese Jahreszeit noch lange nicht. Mit Hilfe eines Folien- oder Frühbeets und von Anzuchtkästen können Sie mit Aussaat und Voranzucht jedoch durchaus schon jetzt beginnen.

Folienbeet

Nicht nur, um früher ernten zu können, sondern vor allem zum Schutz von Saat und zarten Pflanzen vor kalten Temperaturen haben sich Folien aufs beste bewährt. Sie können Folienbeete auf zweierlei Art anlegen: sowohl mit Flachfolie als auch mit einem Folientunnel.

● Flachfolien, die es in verschiedenen Ausführungen gibt, sind optimal für Anzucht und Anbau flach wachsender Gemüsesorten wie etwa Salat, Radieschen oder Kohlrabi. Die Folie wird – der Name sagt es schon – einen Tag vor der Aussaat einfach flach auf das Beet gelegt. Sie sorgt dafür, daß der Boden sich erwärmt, bevor Sie die zarten Pflanzen aussäen bzw. einsetzen. Als Flachfolie verwendet man Schlitzfolie oder Lochfolie (also mit eingestanzten Schlitzen oder Löchern). Schlitzfolie ist besonders dehnfähig und wächst mit dem Gemüse mit; beide lassen Regen und Gießwasser und natürlich auch Luft durch. Eine andere Variante ist eine schwarze Mulchfolie, die kein Unkraut aufkommen läßt, den Boden besonders feucht hält und im Frühjahr für eine optimale Bodenerwärmung sorgt. Auch die Mulchfolie legen Sie einfach flach auf das Beet und versehen sie mit kreuzförmigen Einschnitten. Da hinein setzen Sie dann in entsprechenden Abständen die Pflänzchen und ernten sie später durch eben diese Einschnitte wieder ab.

● Ein Folientunnel eignet sich stets dann, wenn Sie hochwachsende Pflanzen anbauen wollen, aber kein Gewächshaus aus Glas haben (Seite 45). Über Drahtbügel, die Sie in den Boden

Flachfolie

Folientunnel

stecken, spannen Sie eine Folie aus UV-Licht-stabilisiertem Kunststoff oder eine Folie mit Noppen, die besonders wärme-isolierend sind.

Frühbeet

Wer kein Glas- oder Gewächshaus besitzt und auch nicht den Platz für ein Folienbeet hat, sollte sich ans Frühbeet halten. Dabei werden Wander- und/oder Dauerkästen eingesetzt, die als Hilfe zur Anzucht bestens geeignet sind:

● Der Wanderkasten läßt sich problemlos transportieren: Aus leichtem Material (Holzbretter oder Aluminium) wird ein Rahmen gebaut und auf den Boden aufgesetzt. Diesen Rahmen können Sie je nach Bedarf an jedem beliebigen Ort im Garten aufstellen.

● Der Dauerkasten wird fest installiert, indem Sie einen Rahmen aus Beton, Ziegeln oder Holz fest im Boden verankern.

Die Rahmen von Wander- und Dauerkasten werden mit Glas, Plexiglas oder Folie abgedeckt. Sobald es im Frühjahr wieder wärmer wird, ist es wichtig, das Frühbeet durch Hochstellen der Scheiben bzw. der Folienabdeckung aus-reichend zu belüften.

Frühbeetkasten

Vorbereitung des Frühbeets

Optimal ist es, wenn Sie Ihr Frühbeet wie in der »guten, alten Zeit« vorbereiten. Dazu heben Sie den Boden etwa 50 Zentimeter tief aus, machen ein Bett aus Laub und packen darauf eine etwa 40 Zentimeter dicke Schicht frischen Pferdemist. Stampfen Sie diese fest, breiten Sie wieder eine Laubschicht darüber und las-sen Sie alles zugedeckt (mit einem Glasrahmen) ein paar Tage ruhen. Nun breiten Sie darüber etwa 20 Zentimeter lockere Muttererde. Betten Sie alles ringsum in Stroh ein und breiten Sie nachts Schilfrohrmatten über den Glasrahmen des Frühbeets. Nach weiteren vier bis fünf Tagen Ruhezeit können Sie säen oder pflanzen.

Voranzucht für den Balkon

Wer keinen Garten hat, sondern sein Gemüse auf dem Balkon ernten will, kann jetzt in Kästen auf der Fensterbank aussäen. Dafür eignen sich:

● Flache Saatschalen oder Anzuchtkästen: Es gibt sie im Fachhandel, ebenso das entsprechende Zubehör. Spezielle Anzuchtkästen sind sogar mit Bodenheizung und Speziallampen ausgestattet. Aber selbst ohne diese Extra-Hilfsmittel können Sie bereits im Mai die ersten eigenen Radieschen ernten.

Wichtig: Wenn Sie keine Saatschalen benutzen, sondern andere flache Gefäße, achten Sie bitte darauf, daß im Boden Wasserabzugslöcher vorhanden sind.

● Größere Körner, z.B. Bohnen, können Sie auch einzeln ziehen. Das geht sogar in Joghurtbechern, aber auch in Ton-, Torf- und Torfquelltöpfen.

● Praktisch zur Gemüseanzucht sind auch Styroporkästen, die man meist als Abfall im Lebensmittelhandel bekommt. Sie sind leicht, dennoch stabil und sehr stark wärmeisolierend. Außerdem lassen sie sich gut stapeln – ideal also für die Anzucht vieler Pflanzen.

So gelingt die Aussaat

● Anzuchtsubstrat: Am besten verwenden Sie für Aussaat und Voranzucht im Kasten ein fertiges Anzuchtsubstrat (gibt's im Gartencenter). Dann können Sie sicher sein, daß die für die Keimlinge so wichtige Sterilität gewahrt ist.

● Gartenerde: Wenn Sie eigene Gartenerde verwenden wollen, muß sie unbedingt frei von Keimen sein: Sieben Sie die Erde fein und geben Sie sie etwa eine Stunde lang bei 150 °C in den Backofen. Jetzt ist sie mit Sicherheit keimfrei, und Sie bekommen kaum Probleme mit Schädlingen oder Pflanzenkrankheiten. Dann fügen Sie noch etwas Torf zu, der die Erde locker und luftdurchlässig macht, und feuchten alles gründlich durch. Jetzt können Sie aussäen:

Auf die gleiche Weise werden übrigens auch Blumen ausgesät.

39

● Drücken Sie den Samen mit einem Brettchen (oder der Handfläche) leicht an, bestreuen Sie ihn mit einer dünnen Schicht Erde und befeuchten Sie alles nochmals vorsichtig. Abschließend decken Sie den Kasten mit Glas oder Folie ab, so daß ein feuchtwarmes Klima entsteht, und stellen ihn an ein Fenster, an dem es hell, aber nicht sonnig ist.

● Wenn die ersten grünen Spitzen erscheinen, heben Sie die Abdeckung ein bißchen an: So beugen Sie Pilzbefall vor, und die Pflänzchen erhalten frische Luft.

● Sind die Pflänzchen so kräftig geworden, daß man sie mit zwei Fingern gut greifen kann, können sie »vereinzelt« (= pikiert, Seite 118), d.h. in Einzelgefäße oder – je nach Pflanze und Wetter – schon ins Freie umgepflanzt werden.

Bäume und Gehölze schneiden

Lassen Sie sich im Gartencenter oder in der Baumschule beraten, wenn Sie unsicher sind, ob ein Baum oder Strauch zurückgeschnitten werden muß. Manche Sorten (z.B. Spireen) blühen danach um so intensiver, andere dagegen (z.B. Hibiskus) benötigen keinen Rückschnitt.

Wenn Sie einige Grundregeln beachten, können Sie die Bäume und Gehölze im eigenen Garten durchaus selbst schneiden und müssen dafür keinen Fachmann bemühen. Grundsätzlich sollten Sie beachten:

● Zwischen Ende Oktober und Mitte Februar ist die beste Zeit, um die Gehölze im Garten zu schneiden, vor allem die Obstbäume.

● Außerdem sollten Sie immer nur an milden, d.h. frostfreien Wintertagen schneiden sowie bei trockenem Wetter.

● Ältere Bäume, die im vergangenen Sommer überreiche Ernte gebracht haben, sollten auf keinen Fall zu stark zurückgeschnitten werden.

● Bei jungen Bäumen ist jetzt der »Erziehungsschnitt« fällig; er sorgt für eine offene, lichte Krone. Dabei müssen Sie in etwa abschätzen, wie sich die Äste in den kommenden zwei bis drei Jahren entwickeln werden, denn vor allem Obstbäume sollten nicht jedes Jahr aufs neue ausgedünnt werden.

● Ein Schnitt ist dann nötig, wenn Äste sich gegenseitig behindern, die Krone zu sehr verdichten oder wenn Triebe zu eng nebeneinander stehen. Entfernen Sie stets zuerst abgestorbene Triebe sowie verletzte Äste und Zweige. Bei Gabelungen lassen Sie die dickeren Äste stehen und entfernen nur die dünneren.

Beim Schneiden von Gehölzen gibt es keine einheitlichen Regeln. Sie sollten sich nur darüber im klaren sein, wie der Strauch oder Baum arttypisch aussieht. Der Schnitt soll diese Wuchsform unterstützen.

● Wenn Sie zuviel und zu stark zurückschneiden, bildet der Baum »Wasserschosse«, d.h. lange, dünne, oft senkrecht emporstehende Triebe. Diese müssen Sie in jedem Fall entfernen – bis auf zwei oder drei Triebe, die sich in die Baumform einfügen und nur gekürzt werden.

● Bruchstellen an Obstbäumen oder schlecht verheilte Aststummel schneiden Sie möglichst dicht am Stamm nach. So werden keine Nährstoffe mehr an diese Stellen transportiert, die dem Baum dann anderswo fehlen.

● Rindenverletzungen behandeln Sie mit Wachs, ebenso alle Wunden, die einen Durchmesser von mehr als drei Zentimetern haben. Sie können auch ein spezielles Wundverschlußmittel verwenden (im Gartencenter erhältlich), das gegen Pilze und Bakterien wirkt und so dafür sorgt, daß keine Keime in die Baumwunde eindringen können, sowie eine selbstangesetzte Kräuterjauche (Seite 69).

● Den allerersten Schnitt bei Blütensträuchern macht meist der Gärtner oder die Baumschule, von der Sie das Gewächs beziehen. Stehen die Sträucher dann einige Jahre im Garten, werden sie leicht struppig und bilden blühunwillige Äste. Dem können Sie mit einem Schnitt entgegenwirken.

● Sträucher werden alle drei bis vier Jahre ausgelichtet, d.h., überalterte und abgestorbene Triebe schneiden Sie direkt über dem Boden weg. Zu dicht stehende Zweige und Äste dünnen Sie aus, indem Sie einige Äste herausschneiden. So wird der Strauchaufbau wieder locker und licht.

● Einen Winterschnitt bekommen nur die im Sommer und Herbst blühenden Gehölze.

● Frühlingsblüher, z.B. *Forsythien, Blutjohannisbeere, Flieder, Ranunkel, Magnolie* oder *Zierkirsche,* dürfen Sie dagegen erst nach der Blüte, d.h., im Sommer ausdünnen.

Linde

Die richtigen Gartengeräte

Jeder Gärtner weiß, daß es keinen Sinn hat, am Handwerkszeug zu sparen. Gute Gartengeräte kosten zwar nicht die Welt, sind aber auch nicht ganz billig. Und bevor Sie sich jedes Jahr aufs neue ärgern, weil etwas kaputt geht, kaufen Sie sich lieber gleich das richtige Handwerkszeug. Jetzt, da bald die neue Saison losgeht, ist es Zeit, das vorhandene Gartengerät zu überprüfen: Ist noch alles in Ordnung? Was ist kaputt gegangen, was müssen Sie neu anschaffen? Wenn Sie den Garten für das kommende Jahr planen: Haben Sie Arbeiten vor, zu denen Ihnen noch die passenden Gerätschaften fehlen?

Beim Kauf von Gartengeräten sollten Sie auf ein seriöses Prüfsiegel achten: Das GS-Sicherheitszeichen des TÜV für geprüfte Sicherheit sagt schon eine ganze Menge über die Qualität aus. Auch bei der Aufbewahrung Ihrer Geräte sollten Sie die Sicherheit nicht außer acht lassen: Im Geräteschuppen oder in Ihrer Garage sauber und ordentlich aufgestellt (oder an der Wand aufgehängt), können Spaten, Harke und Rechen nicht zur Gefahrenquelle werden.

Was Sie im einzelnen für den Garten brauchen, zeigt die folgende Aufstellung:

● Rasenmäher: Natürlich hängt es von der Größe Ihres Gartens ab, welchen Rasenmäher Sie sich zulegen. Und auch davon, ob Sie einen »englischen« Rasen haben wollen oder nicht doch lieber eine bunte Blumenwiese (die Wiese mäht man übrigens immer noch am besten mit einer Sense!).

Der Elektromäher ist zwar leiser als ein Benzinmäher (der auch große Flächen ohne Probleme schafft), eignet sich aber nur für kleinere Flächen; für die genügt aber oft ein Handmäher ohne Motor.

Beim Rasenmäherkauf gilt ganz besonders: Achten Sie auf das GS-Zeichen, auf geringe Lautstärke und Umweltverträglichkeit. Das Zeichen des »blauen Engels« und die Untersuchungen der Stiftung Warentest, die bei den Ver-

Grabgabel

Sichel-
rasenmäher

braucherzentralen ausliegen, können Ihnen bei der Kaufentscheidung helfen.

● Schubkarre: Wichtig, auch wenn Sie keinen allzu großen Garten haben, ist eine Schubkarre. Sie ist für die verschiedensten Transporte geeignet.

● Grabgabel, Spaten, Schaufel: Diese Geräte gehören zur Grundausstattung für alle Boden- und Erdarbeiten. Den Spaten brauchen Sie zum Ballenstechen und Umgraben; die Schaufel, wenn Sie Erde von einem Fleck zum anderen bewegen müssen; und die Grabgabel leistet beste Dienste bei der Bodenlüftung und den Erntearbeiten. Selbst zum Umgraben kann man sie hernehmen. Alle drei Geräte sollten sehr stabil sein – das Metall am besten aus einem Stück geschmiedet – und einen auswechselbaren Holzstiel haben.

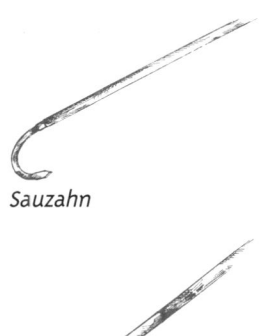

Sauzahn

● Hacke, Sauzahn: Beides ist optimal zur Lockerung des Gartenbodens. Die Hacke gibt es als Zug- oder Schlaghacke (auch mit Doppelhacke), der Sauzahn ist sichelförmig.

Kultivator

● Rechen oder Harke: Um Grasschnitt und Laub aufzusammeln, benötigen Sie einen Rechen oder eine Harke. Der Eisenrechen (mit zehn oder zwölf Zinken) dient dabei auch zur Bodenbearbeitung, etwa um ein Beet glattzurechen. Holz- oder feinzinkige Eisenrechen sammeln Laub und geschnittenes Gras auf.

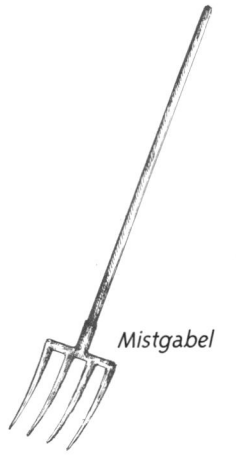

Rosenschere

● Gabel: Eine vierzinkige Mistgabel (ebenfalls mit Holzstiel zum Auswechseln) hilft Ihnen, Kompost umzusetzen, Laub aufzusammeln oder Grasschnitt aufzunehmen.

● Pflanzkelle: Wer Knollen- und Zwiebelpflanzen setzt, benötigt unbedingt eine Pflanzkelle, auch Pflanzschaufel genannt. Sie ist so geformt, daß sich Pflanzlöcher schnell und leicht ausheben lassen. Am besten nehmen Sie eine aus rostfreiem Edelstahl.

● Pikierholz: Wer selbst aussät und pikiert, benötigt ein Pikierholz – ein dünner Holzstab mit einem dickeren und einem dünneren Ende (Seite 118).

Mistgabel

● Handmesser (Hippe): Nicht nur um Stecklinge zu schneiden, sondern auch für allgemeine Schneidearbeiten brauchen Sie ein stabiles, klappbares Handmesser, auch Hippe genannt. Sie

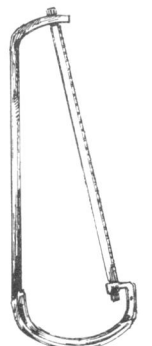

Baumsäge

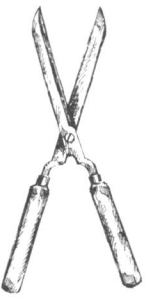

Heckenschere

hat eine geschwungene Klinge und ist optimal für kleinere Schnittarbeiten.

● Rosenschere: Unerläßlich in jedem Garten ist die Rosenschere, die Sie auch für Zier- und Obstgehölze benötigen. Auch hier sollten Sie nicht aufs Geld schauen: Eine gute Schere (die es übrigens auch für Linkshänder gibt!) ist für Gartenarbeiten unerläßlich.

● Baumsäge: Wenn Sie Bäume in Ihrem Garten haben, brauchen Sie eine Baumsäge, denn für grobe Schnittarbeiten reicht die Rosenschere nicht aus.

● Heckenschere: Wenn Sie eine Hecke im Garten haben, kommen Sie um eine Heckenschere nicht herum. Damit können Sie bei einer freiwachsenden Hecke schnell und problemlos die überstehenden Äste oder Zweige entfernen, die über Ihr Grundstück hinaus auf Straße oder Gehweg ragen. Wenn Sie eine Schnitthecke haben, brauchen Sie die Schere, um die Hecke in Form zu halten.

● Gießkanne: Selbst wenn Sie einen Wasseranschluß mit Schlauch im Garten haben – ohne Gießkanne kommen Sie nicht aus, weil Sie beim Angießen von Jungpflanzen und frischer Aussaat mit einer Kanne wesentlich besser dosieren können als mit dem Schlauch.

● Gartenschlauch: Für große Gärten und zur Bewässerung von Rasenflächen brauchen Sie einen Gartenschlauch. Praktisch ist ein Schlauch mit Wagen, vielleicht sogar mit Beregnungsanlage. Obwohl Sie im Zuge des Umweltschutzes keine Wasserverschwendung betreiben sollten: Vor allem nach langen Hitzeperioden kann sich der Rasen mit einer Regenanlage schneller erholen.

Spaten

● Leiter: Eine Leiter sollte in Ihrem Garten ebenfalls nicht fehlen – selbst dann nicht, wenn Sie keine Bäume gepflanzt haben. Eine Sicherheitsleiter (auch hier wieder auf das GS-Zeichen achten!) ist bei vielen Gartenarbeiten hilfreich.

Gießkanne

Gartengeräte pflegen

Es empfiehlt sich, alle Gartengeräte immer gleich nach Gebrauch zu reinigen, denn Erd- und Pflanzenreste, Nässe und Schmutz wirken sich erheblich auf ihre Lebensdauer aus.

● Die Messer von Rasenmäher oder Sense und alle Schneidwerkzeuge müssen immer scharf sein.

● Metallgeräte wie Spaten und Grabgabel ölen oder fetten Sie im Winter am besten ein. So sind sie vor Rost geschützt. Hat sich bereits Flugrost abgesetzt, so entfernen Sie diesen vor dem Einfetten mit einer Stahlbürste.

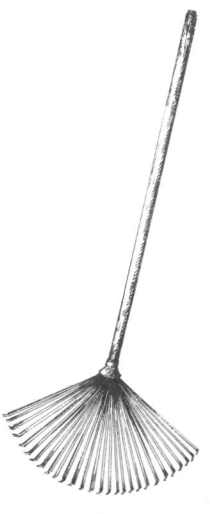

Rechen

▶ **Tip:** Sehen Sie jetzt alte Samentüten nach und sortieren Sie unbrauchbar Gewordenes aus. Mit einer Keimprobe (Seite 112) finden Sie schnell heraus, welche Samen noch keimen; dabei können Sie auch feststellen, in welchem Abstand Samen am besten auskeimen. Und: Schicken Sie Ihre Samenbestellung möglichst bald ab – im nächsten Monat kann manches schon ausgesät werden!

Aus dem angelsächsischen »lenet-monath« (= Mondmonat) stammt unser Wort »Lenz« für Frühling, während der Name »März« auf den römischen Kriegsgott Mars zurück-geht. Die Martianischen Neujahrs-opfer – früher begann das römische Jahr mit dem März – stammen

März
der
Lenzmond

jedoch aus noch wesentlich älte-rer Zeit: Schon die Etrusker kannten einen Fruchtbarkeits- und Erlöser-gott namens Maris, der Tod und Wiedergeburt symbolisierte. Übri-gens: Am 21. März, der Tag- und Nachtgleiche des Frühlings, tritt die Sonne in das Zeichen des Widders – jetzt beginnt das astrologische Jahr und gleichzeitig der kalendarische Frühling.

Auch bei der altrömischen Zeitrechnung bis 46 v. Chr. begann das Jahr mit dem März und endete mit dem Februar.

Das finden Sie im März

Märzkalender

1.	Albin, David von Menevia	
2.	Agnes, Karl der Gute, Stephan von Ungarn	
3.	Friedrich, Kunigunde	
4.	Adrian, Rupert	
5.	Dietmar, Gerda, Konrad, Olivia	
6.	Franziska, Fridolin	
7.	Johannes, Reinhard, Volker	
8.	Arnulf, Bruno, Felix	
9.	Barbara, Dominikus	
10.	Alexander, Gustav, John, 40 Märtyrer	
11.	Heinrich, Rosamunde, Ulrich, Wolfram	
12.	Almut, Beatrix, Gregor der Große	
13.	Erich, Ernst, Judith, Rüdiger	Schwendtag
14.	Gottfried, Konrad, Mathilde, Zacharias	Schwendtag
15.	Christoph, Luise	Schwendtag
16.	Heribert, Jean	
17.	Gertrud, Patrick	
18.	Anselm, Eduard	
19.	Josef, Ida	
20.	Irmgard, Ruprecht, Wolfram	
21.	Christian, Raimund, Benedikt von Nursia	
22.	Lea, Reinhilde	
23.	Claudius, Otto, Rebekka	
24.	Elias, Gabriel, Katharina	
25.	Jutta, Mariä Verkündigung	
26.	Emanuel, Felix, Thekla	
27.	Rupert von Salzburg	
28.	Elfrieda, Wilhelm	
29.	Berthold	Schwendtag
30.	Diemut, Dodo, Roswitha	
31.	Daniel, Guido, Werner	

Wurzeltag = ♉ ♍ ♑   Blattag = ♓ ♋ ♏   Blütentag = ♒ ♊ ♎   Fruchttag = ♈ ♌ ♐

	2001	2002	2003	2004	2005	2006	2007
1.	Do ☽ ♉	Fr ☾ ♎	Sa ☾ ♒	Mo ☽ ♋	Di ☾ ♏	Mi ☽ ♈	Do ☽ ♌
2.	Fr ☽ ♊	Sa ☾ ♎	So ☾ ♓	Di ☽ ♋	Mi ☾ ♏	Do ☽ ♈	Fr ☽ ♌
3.	Sa ☽ ♊	So ☾ ♏	Mo ● ♓	Mi ☽ ♌	Do ☾ ♐	Fr ☽ ♉	Sa ☽ ♍
4.	So ☽ ♋	Mo ☾ ♏	Di ☽ ♓	Do ☽ ♌	Fr ☾ ♐	Sa ☽ ♉	So ○ ♍
5.	Mo ☽ ♋	Di ☾ ♐	Mi ☽ ♈	Fr ☽ ♌	Sa ☾ ♑	So ☽ ♉	Mo ☾ ♎
6.	Di ☽ ♌	Mi ☾ ♐	Do ☽ ♈	Sa ☽ ♍	So ☾ ♑	Mo ☽ ♊	Di ☾ ♎
7.	Mi ☽ ♌	Do ☾ ♑	Fr ☽ ♉	So ○ ♍	Mo ☾ ♒	Di ☽ ♊	Mi ☾ ♎
8.	Do ☽ ♍	Fr ☾ ♑	Sa ☽ ♉	Mo ☾ ♎	Di ☾ ♒	Mi ☽ ♋	Do ☾ ♏
9.	Fr ○ ♍	Sa ☾ ♑	So ☽ ♉	Di ☾ ♎	Mi ☾ ♓	Do ☽ ♋	Fr ☾ ♏
10.	Sa ☾ ♎	So ☾ ♒	Mo ☽ ♊	Mi ☾ ♏	Do ● ♓	Fr ☽ ♌	Sa ☾ ♐
11.	So ☾ ♎	Mo ☾ ♒	Di ☽ ♊	Do ☾ ♏	Fr ☽ ♈	Sa ☽ ♌	So ☾ ♐
12.	Mo ☾ ♎	Di ☾ ♓	Mi ☽ ♋	Fr ☾ ♐	Sa ☽ ♈	So ☽ ♌	Mo ☾ ♐
13.	Di ☾ ♏	Mi ☾ ♓	Do ☽ ♋	Sa ☾ ♐	So ☽ ♉	Mo ☽ ♍	Di ☾ ♑
14.	Mi ☾ ♏	Do ● ♓	Fr ☽ ♌	So ☾ ♑	Mo ☽ ♉	Di ☽ ♍	Mi ☾ ♑
15.	Do ☾ ♐	Fr ☽ ♈	Sa ☽ ♌	Mo ☾ ♑	Di ☽ ♉	Mi ○ ♍	Do ☾ ♒
16.	Fr ☾ ♐	Sa ☽ ♈	So ☽ ♌	Di ☾ ♑	Mi ☽ ♊	Do ☾ ♎	Fr ☾ ♒
17.	Sa ☾ ♑	So ☽ ♉	Mo ☽ ♍	Mi ☾ ♒	Do ☽ ♊	Fr ☾ ♎	Sa ☾ ♓
18.	So ☾ ♑	Mo ☽ ♉	Di ○ ♍	Do ☾ ♒	Fr ☽ ♋	Sa ☾ ♏	So ☾ ♓
19.	Mo ☾ ♑	Di ☽ ♉	Mi ☾ ♎	Fr ☾ ♓	Sa ☽ ♋	So ☾ ♏	Mo ● ♈
20.	Di ☾ ♒	Mi ☽ ♊	Do ☾ ♎	Sa ● ♓	So ☽ ♋	Mo ☾ ♐	Di ☽ ♈
21.	Mi ☾ ♒	Do ☽ ♊	Fr ☾ ♏	So ☽ ♉	Mo ☽ ♌	Di ☾ ♐	Mi ☽ ♉
22.	Do ☾ ♓	Fr ☽ ♋	Sa ☾ ♏	Mo ☽ ♈	Di ☽ ♌	Mi ☾ ♐	Do ☽ ♉
23.	Fr ☾ ♓	Sa ☽ ♋	So ☾ ♐	Di ☽ ♉	Mi ☽ ♍	Do ☾ ♑	Fr ☽ ♊
24.	Sa ☾ ♓	So ☽ ♌	Mo ☾ ♐	Mi ☽ ♉	Do ☽ ♍	Fr ☾ ♑	Sa ☽ ♊
25.	So ● ♈	Mo ☽ ♌	Di ☾ ♑	Do ☽ ♉	Fr ○ ♍	Sa ☾ ♒	So ☽ ♋
26.	Mo ☽ ♈	Di ☽ ♍	Mi ☾ ♑	Fr ☽ ♊	Sa ☾ ♎	So ☾ ♒	Mo ☽ ♋
27.	Di ☽ ♉	Mi ☽ ♍	Do ☾ ♒	Sa ☽ ♊	So ☾ ♎	Mo ☾ ♓	Di ☽ ♋
28.	Mi ☽ ♉	Do ○ ♎	Fr ☾ ♒	So ☽ ♋	Mo ☾ ♏	Di ☾ ♓	Mi ☽ ♌
29.	Do ☽ ♊	Fr ☾ ♎	Sa ☾ ♓	Mo ☽ ♋	Di ☾ ♏	Mi ● ♈	Do ☽ ♌
30.	Fr ☽ ♊	Sa ☾ ♏	So ☾ ♓	Di ☽ ♋	Mi ☾ ♐	Do ☽ ♈	Fr ☽ ♍
31.	Sa ☽ ♊	So ☾ ♏	Mo ☾ ♓	Mi ☽ ♌	Do ☾ ♐	Fr ☽ ♉	Sa ☽ ♍

Wetter- und Bauernregeln

Für die Garten- und Feldarbeit ist der März einer der wichtigsten Monate. Um den März geht es deshalb in vielen Bauernregeln: »Heiterer März erfreut des Bauern Herz«, heißt es, oder auch: »Märzenstaub und Märzenwind guten Sommers Vorbot' sind.« Tiere, die im März geboren werden, gelten als besonders widerstandsfähig: »Märzenferkel und Märzenfohlen alle Bauern haben wollen«, besagt ein alter Spruch. Zuviel Blühen und Grünen dagegen ist im März nicht unbedingt von Erfolg gesegnet, denn oft kann es noch einmal zu heftigem Schneefall oder Frösten kommen, die den noch empfindlichen Pflanzen schaden.

Langfristige Wetterprognosen kennt man an zwei Tagen: Am 10. März (Vierzig Ritter) blickt man 40 Tage voraus, d.h., das Wetter, das an diesem Tag herrscht, wird 40 Tage lang andauern. Und am 25. März kehren die Schwalben wieder heim – ein Zeichen, daß der Frühling jetzt nicht mehr aufzuhalten ist. Langjährige Wetterbeobachtungen zeigen: Fast in jedem zweiten Jahr kommt der Winter in der ersten Märzhälfte ein letztes Mal mit Macht zurück – nach warmen und milden Vorfrühlingstagen oft schon Ende Februar – und bringt noch einmal viel Schnee. Doch selbst richtige Schneeberge im Voralpenland können von einem auf den anderen Tag verschwinden, wenn ein warmer Fallwind, der Föhn, sie einfach wegschmelzen läßt. Zwischen Tages- und Nachttemperaturen können noch große Unterschiede herrschen. Die dritte Märzwoche soll – auch das haben Wetterbeobachtungen über mehr als 200 Jahre gezeigt – die ideale Zeit für erste Gartenarbeiten sein, denn dann herrscht meist Hochdruck mit schönem Frühlingswetter.

● Weitere Bauernregeln für den März: Sankt Kunigund' (3.) macht warm von unt'. Bringt Rosamunde (11.) Sturm und Wind, so ist Sybilla (29. April) uns lind. Gregor (12.) zeigt dem Bauern an, daß im Feld er säen kann. Trockener März füllt den Keller. Sonniger Gertrudentag (17.) Freud' dem Bauern bringen mag.

50

Wenn's einmal um Josephi (19.) ist, so endet der Winter gewiß. Ist's an Josephus klar, folgt ein gesegnetes Jahr. An Sankt Benedikt (21.) acht' gar wohl, daß man Hafer säen soll. Willst du Erbsen, Gerste, Zwiebeln dick, so säst du an Sankt Benedikt. Scheint auf Sankt Gabriel (24.) die Sonne, hat der Bauer Freud' und Wonne. Ist an Ruprecht (27.) der Himmel rein, so wird er's auch im Juli sein. Gewitter im Märzen gehen dem Bauern zu Herzen. Ein grüner März bringt selten etwas Gutes.

Volksglaube

Auf dem Land galten Schwalben früher als Glücksbringer: Wer beim Anblick der ersten fliegenden Schwalbe sein Geld im Beutel schüttelte, konnte auf einen finanziellen Gewinn hoffen; wenn Schwalben auf dem Hausdach ihr Nest bauten, waren glückliche Zeiten zu erwarten. Umkreisen sie gar das Haus, sollte in Bälde eine Hochzeit gefeiert werden; fiel aber ein Schwalbennest vom Dach, war klar, daß die Bewohner noch im selben Jahr das Anwesen verlassen würden. Sogar das Fleisch der Schwalben hatte eine geheimnisvolle Wirkung: Es sollte Schlangenbisse heilen, und ein Schwalbenherz stärkte das Gedächtnis. Jäger trafen besonders gut auf der Pirsch, wenn sie getrocknetes Schwalbenblut ins Schießpulver mischten. Auch als Wetterboten waren die Schwalben wichtig: Flogen sie tief, war schlechtes Wetter zu erwarten.

... Im Märzen der Bauer die Rößlein anspannt ..., denn jetzt beginnen die Feldarbeiten: Die Felder werden gelockert und geebnet, Hafer wird ausgesät. Im bäuerlichen Arbeitsjahr der Jahrhundertwende hatten die Männer mit dem Herrichten des Zaunholzes und der Dachschindeln zu tun. Waren Reparaturen in Haus, Stadel oder Stall geplant, bereitete man das Baumaterial vor. Sobald der Schnee getaut war, wurden in den Wiesen die Wasserabzüge geputzt. Die Frauen arbeiteten im März größtenteils noch in der Stube und bereiteten natürlich den Hausgarten vor.

Was im März zu tun ist

Jetzt ist es höchste Zeit, alle Beete von der winterlichen Mulch-schicht zu befreien. Nur dann kann der Boden sich bei den ersten warmen Sonnenstrahlen richtig erwärmen. Den Boden lockern, mit Kompost versorgen und für die erste Aussaat vorbereiten – das sind die wichtigsten Arbeiten in diesem Monat.

Je früher die Freilandsaaten dann in den Boden kommen, desto abgehärteter und widerstandsfähiger werden sie gegen Schädlinge und Krankheiten. Wenn Sie allerdings zu früh säen, müssen Sie damit rechnen, daß ein erneuter Frost-einbruch die Aussaat zunichte macht, sofern die Saat nicht abgedeckt wird.

Allgemeines

- ◆ Mulchschichten entfernen
- ◆ Beete vorbereiten: Wenn der Boden abgetrocknet ist, mit einer Grabgabel lockern, anschließend glattrechen
- ◆ Erstes Unkraut jäten

Ziergarten

- ◆ Auf Schnecken achten, ggf. absammeln und Schneckenzaun aufstellen (Seite 148)
- ◆ Frostrisse an Bäumen mit Baumharz bestreichen
- ◆ Rosen pflanzen (Seite 104)
- ◆ Gehölze und Stauden pflanzen (Seite 164)
- ◆ Vorhandene Stauden teilen und verpflanzen (Seite 55)
- ◆ Stecklinge von Gehölzen schneiden und einzeln im Topf bewurzeln (Seite 119)
- ◆ Oberirdische abgestorbene Staudenteile entfernen (Seite 55)
- ◆ Sommerblumen aussäen (Seite 60)
- ◆ Rosen abhäufeln und zurückschneiden (Seite 104)
- ◆ Hochstammrosen aufbinden und schneiden (Seite 104)
- ◆ Verfilzten Rasen lüften (vertikutieren, Seite 77)
- ◆ Evtl. Staunässe im Rasen beheben (Seite 77)
- ◆ Blumenwiese mit Sand »abmagern« (Seite 75)

Was im März zu tun ist

Gemüsegarten

◆ Unter Glas aussäen (Seite 38): Endivien, Bleichsellerie, Tomaten, Paprika, Aubergine, Sellerie, Knollenfenchel, Sommerbrokkoli, Kopfsalat, Rettich, Radieschen, Kohlrabi; Kräuter (Seite 88)

◆ Unter Folie aussäen (Seite 37): Kopfsalat, Pflück- und Schnittsalat, Bindesalat, Eissalat, Rote Bete, Radieschen, Rettich, Mairüben, Weißkohl, Spitzkohl, Rotkohl, Wirsing, Rosenkohl, Kohlrabi

◆ Im Freien aussäen (Seite 112): Spinat, Löwenzahn, Gartenkresse, Feldsalat, Zuckererbsen, Puffbohnen, Steckzwiebeln

◆ Frühkartoffeln im Keller warm und dunkel vorkeimen

◆ Pflanzen unter Glas (Seite 38) behutsam gießen. Wichtig: Viel lüften, damit es nicht zu Pilzbefall kommt; bei viel Sonne beschatten

◆ Letztes Wintergemüse ernten: Feldsalat, Grünkohl, Rosenkohl

Obstgarten

◆ Aprikose, Pfirsich, Nektarine, Quitte, Weinreben pflanzen (Seite 164)

◆ Beerensträucher (Johannis- und Stachelbeeren) pflanzen (Seite 164)

◆ Obstbäume (Apfel, Birne, Kirsche, Pflaume) jetzt noch pflanzen (Seite 164)

◆ Bei frisch gepflanzten Obstbäumen den »Pflanzschnitt« ansetzen, »alte« Obstbäume schneiden (Aprikose und Pfirsich bis kurz vor der Blüte, Seite 40)

◆ Alte Leimringe an Obstbäumen entfernen, neue gegen Raupenbefall anbringen

◆ Wintermulch und Gründüngung in den Boden einarbeiten (Seite 89)

◆ Erdbeeren und Beerensträucher mit Kompost versorgen (Seite 91)

◆ Bäume und Sträucher vorbeugend gegen Pilzinfektionen behandeln

Balkon

◆ Abgestorbene oberirdische Pflanzenteile an Stauden zurückschneiden

◆ Sommerblumen am Fensterbrett aussäen (Seite 60)

◆ Überwinterte Balkon- und Kübelpflanzen (Seite 27) zurückschneiden; nach und nach mehr gießen und düngen

◆ Kräuter am Fensterbrett aussäen (Seite 88)

◆ Robustere Kübelpflanzen ins Freie bringen (Seite 27)

◆ Ende März: Knollenbegonien durch Wärmestellen antreiben (Seite 73)

Sonstiges

◆ Letzter Termin für den Anbauplan!

Was jetzt im Garten blüht

Für viele Menschen ist der März der erste Monat, in dem man sich wieder so richtig an einem bunten Garten freuen kann. Wer vorgesorgt hat, kann jetzt reichen Blumen- und Blütensegen erwarten: *Frühlingslichtblume, Anemonen, Krokus, Kuhschelle, Leberblümchen* und *Narzissen* sind nur einige der zahllosen Blütenpflanzen, die im März Garten und Balkon verschönern. Oft schon im März zu sehen sind die zunächst silbergrauen, später goldgelben *Weidenkätzchen*, die man gerne für den Osterstrauß schneidet.

Pflanze des Monats: Die Narzisse

Die *Narzisse,* vielen auch als Osterglocke bekannt, ist eine Zwiebelstaude. Man unterscheidet zwischen den kleinen *Wildnarzissen* für den Steingarten und den wesentlich größeren *Gartennarzissen,* die auch für den Schnitt geeignet sind. Die Komposition der Blütenfarben pendelt je nach Sorte zwischen weiß, gelb und rot. Zur besseren Wirkung der Blüte setzt man die Zwiebeln im Herbst (Seite 159) in möglichst wenige größere Flecken zusammen (Abstand zwischen den Zwiebeln zehn Zentimeter). Um den unschönen Anblick des verwelkenden Laubes nach der Blüte zu mildern, pflanzt man sie zu anderen Stauden, die erst nach der Narzissenblüte austreiben (Abbildung auch Seite 46).

Narzisse

Ein- und zweijährige Pflanzen

Der Unterschied zwischen ein- und zweijährigen Pflanzen ist einfach zu merken:

● Einjährige nennt man alle Pflanzen, die ihren Zyklus – keimen, wachsen, blühen und fruchten – innerhalb eines Jahres durchlaufen und dann absterben (z.B. die *Sonnenblume*).

● Zweijährige dagegen sind Pflanzen, die im ersten Jahr keimen und wachsen und erst im zweiten Jahr blühen, fruchten und absterben (z.B. das *Gänseblümchen*).

Stauden und Gehölze

Auch den Unterschied zwischen Stauden und Gehölzen sollte man kennen:

● Stauden sind mehrjährige krautige Pflanzen, die jedes Jahr blühen und fruchten können. Das oberirdisch sichtbare Kraut stirbt meist im Winter ab bzw. wird nach der Blüte zurückgeschnitten. Die Staude treibt jedoch aus ihrem Stock im Frühjahr wieder aus der Erde aus. Es ist ratsam, Stauden gelegentlich mit dem Spaten aus der Erde herauszunehmen und zu teilen (Seite 118), da sie sonst eingehen.

● Gehölze sind mehrjährige Pflanzen, die Holz ausbilden und somit oberirdisch überwintern.

Gemüsegarten auf dem Balkon

Klar, daß Sie auf dem Balkon kein Wurzelgemüse ziehen können. Aber wie wäre es, wenn Sie es außer Kräutern (Seite 88) mit Tomaten und/oder Bohnen probieren würden? Wenn Sie nicht gerade Riesentomaten ernten wollen und auch mit kleineren Sorten zufrieden sind, können Sie auf Ihrem Stadtbalkon im Sommer eigene Ernte halten! Besonders lecker sind auch Cocktailtomaten – vor allem, wenn man sie noch sonnenwarm vom eigenen Balkon holt. Einzige Voraussetzungen für die Gemüsezucht: Sonnig muß Ihr Balkon sein, und bei Zugluft sollten Sie einen Windschutz aufstellen. Dann steht der eigenen Tomatenzucht nichts mehr im Wege.

Tomatentriebe ausgeizen

Tomaten

Sie können vorgezogene Tomatenpflanzen beim Gärtner kaufen oder aber Mitte März selbst aussäen.

● Für den Balkon: Füllen Sie einen großen Topf mit Erde, säen Sie die Samen darauf, übersieben Sie sie mit feiner Erde und stellen Sie den Topf ans Blumenfenster. Bereits nach wenigen Tagen beginnen die Samen zu keimen. Die kleinen Pflanzen brauchen jetzt viel Licht und Wärme.

Achten Sie bei den Tomatenranken auf Seitentriebe: Wenn Sie wenige große Tomaten wollen, entfernen Sie alle Seitentriebe (= ausgeizen). Wenn Sie jedoch viele kleine Tomaten wollen, belassen Sie die Seitentriebe!

55

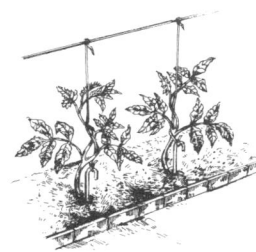

Tomaten

● Für das Gemüsebeet: Wenn Sie ein Gewächshaus haben, können Sie gleich im März in Kisten unter Glas aussäen. Nach sieben bis zehn Tagen Keimdauer bei 22 °C müssen die Pflänzchen sehr hell stehen.

● Pikieren (Seite 118): Pikieren Sie die kleinen Tomatenpflanzen einmal und stellen Sie sie als Einzelpflanze in einen Topf (etwa zehn Zentimeter Durchmesser). Halten Sie die Pflanzen danach etwas kühler (15 °C), damit sie sich jetzt schon etwas »abhärten« können.

● Auspflanzen: Ab Mitte Mai (nach den Eisheiligen!) können Sie die Pflanzen im Abstand von 60 Zentimetern auspflanzen – entweder in den Balkonkasten oder ins Freibeet. Setzen Sie die Pflanzen dabei eine Handbreit tiefer als im Topf.

● Klettergerüst/Spiralstäbe: Im Gartencenter bekommen Sie ein Klettergerüst oder Spiralstäbe, an denen sich der Haupttrieb emporranken kann. Auf dem Balkon können Sie eine Schnur vom Balkongeländer zum Balkondach führen. Nach zwei bis drei Monaten beginnt die Ernte!

Bohnen

Bohnen eignen sich ebenfalls problemlos für die Gemüsezucht auf dem Balkon. Die *Feuerbohne (Phaseolus coccineus)* kennt man vor allem als schnellrankende Sichtschutzpflanze (Seite 131), doch auch *Stangenbohnen (Phaseolus vulgaris)* lassen sich bestens in einem großen Topf ziehen. Weil Bohnen sehr schnell wachsen, macht die Anzucht auch Kindern Spaß.

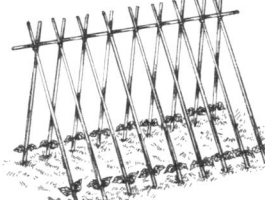

Bohnen

Wenn Sie die Bohnen ins Freibeet pflanzen wollen, sollten Sie pro Topf immer drei Samenkerne einlegen.

● Ende April kommen die Samen in die Erde und keimen sehr schnell. Schon auf der Fensterbank brauchen die kleinen Bohnen eine Rankhilfe.

● Nach den Eisheiligen pflanzen Sie die Bohnenpflanzen an den endgültigen Standort, d.h. entweder in einen großen Topf auf dem Balkon oder ins Freie, und stützen sie entsprechend. Etwa zehn Wochen später können Sie anfangen zu ernten.

Mischkultur bringt reiche Ernte

Mischkultur nennt man den gleichzeitigen Anbau von zwei oder mehreren Gemüse- und Kräuterarten mit unterschiedlicher Reifezeit, bei dem auch Zierpflanzen nicht zu kurz kommen. Mischkulturen bieten mehrere Vorteile:

● Manche Gemüsearten haben nur flache, andere sehr tief in den Boden reichende Wurzeln. So gelangen Wasser und Nährstoffe aus unterschiedlichen Bodenschichten zu den Pflanzen.

● Die Mischkultur sorgt dafür, daß die Pflanzen sich beim Wachsen nicht gegenseitig behindern.

● Schädlinge treten in Mischkulturen seltener auf.

● Pflanzen in Mischkulturen brauchen meist weniger Dünger.

Mischkulturbeet

Stark-, Mittel-, Schwachzehrer

Grundsätzlich unterscheiden sich die Gemüsearten in Stark-, Mittel- und Schwachzehrer. Achten Sie deshalb bei Ihrer Gartenplanung darauf, daß Sie zwischen diesen drei »Pflanzentypen« abwechseln – und zwar nicht nur von Reihe zu Reihe innerhalb eines Beetes, sondern auch in der zeitlichen Abfolge innerhalb eines Jahres bzw. von einem Jahr zum nächsten (Seite 94).

Bei der Mischkultur reservieren Sie nicht jeder Gemüseart ein ganzes Beet, sondern pflanzen Reihe für Reihe etwas anderes an.

● Starkzehrer (Pflanzen mit sehr hohem Nährstoffbedarf) sind: Gurken, Kürbis, Lauch, Mangold, Sellerie, Tomaten, Zucchini, Blumenkohl, Weißkohl, Wirsing, Fenchel, Rotkohl, Kartoffeln, Rosenkohl und Rhabarber. Starkzehrer wachsen üppig und schnell und brauchen eine kräftige organische Düngung, z.B. verrotteten Mist.

● Mittelzehrer (Pflanzen mit weniger Nährstoffbedarf) sind: Auberginen, Rettiche, Rote Bete, Salate, Schwarzwurzeln, Möhren, Zwiebeln, Chicorée, Paprika, Brokkoli, Kohlrabi, Spinat, Knollenfenchel, Radieschen, Speiserüben und Knoblauch. Mittelzehrer wachsen langsamer und werden sparsam gedüngt.

Selbst der Geschmack von Gemüse kann durch Mischkultur beeinflußt werden: Bohnenkraut fördert das Aroma von Buschbohnen; Petersilie dagegen beeinträchtigt den Geschmack von Kopfsalat.

● Schwachzehrer (Pflanzen mit geringem Nährstoffbedarf) sind: Busch- oder Stangenbohnen, Erbsen, Feldsalat, Winterendivie, Gewürzkräuter. Sie brauchen keinen Dünger, höchstens Kompost.

57

Mischkulturtabelle

⊕ = guter Nachbar
⊖ = schlechter Nachbar

Neben der Unterscheidung nach »Pflanzentypen« gilt es darüber hinaus noch zu bedenken, daß bestimmte Gemüse- und Kräuterkombinationen sich gegenseitig fördern, während andere sich nicht »mögen« und einander im Beet stören. In der folgenden Übersicht finden Sie die häufigsten Obst-, Gemüse- und Kräuterarten sowie ihre verträglichen und unverträglichen Nachbarn. Dort, wo nichts eingetragen ist, handelt es sich um neutrale Nachbarschaft, die weder förder- noch hinderlich ist.

	Bohne	Borretsch	Erbse	Erdbeere	Dill	Fenchel	Gurke	Kamille	Kartoffel	Knoblauch	Kohlarten	Kopfsalat
Bohne			⊖			⊖	⊕			⊖	⊕	⊕
Erbse	⊖						⊕		⊖	⊖	⊕	⊕
Erdbeere										⊕	⊕	⊕
Fenchel	⊖		⊕				⊕					⊕
Gurke	⊕	⊕	⊕		⊕	⊕				⊕	⊕	⊕
Kartoffel			⊖								⊖	
Knoblauch	⊖		⊖	⊕			⊕				⊖	⊕
Kohlarten	⊕	⊕	⊕	⊕	⊕				⊖	⊖		⊕
Kopfsalat	⊕		⊕	⊕	⊕	⊕	⊕			⊕	⊕	
Lauch	⊖		⊖	⊕			⊕	⊕			⊕	⊕
Mangold										⊕		
Meerrettich									⊕			
Möhre			⊕					⊕		⊕		⊕
Petersilie										⊕		⊖
Pflück-/Schnittsalat	⊕		⊕	⊕	⊕	⊕	⊕				⊕	⊕
Radieschen/Rettich	⊕		⊕	⊕	⊖	⊕	⊕				⊕	⊕
Rote Bete	⊕	⊕					⊕		⊖	⊕	⊕	⊕
Schwarzwurzeln												⊕
Sellerie	⊕	⊕					⊕	⊕	⊖	⊕		⊖
Spargel							⊕					⊕
Spinat								⊕			⊕	
Tomate		⊕	⊖		⊕	⊖	⊖		⊖	⊕	⊕	⊕
Zicchoriensalate					⊕	⊕						⊕
Zucchini	⊕											
Zwiebel	⊖		⊖	⊕	⊕		⊕	⊕			⊖	⊕

	Kresse	Lauch	Mais	Majoran	Mangold	Meerretich	Möhre	Neuseeländer Spinat	Petersilie	Pfefferminze	Pflück-/Schnittsalat	Radieschen/Rettich	Rhabarber	Ringelblume	Rüben	Schwarzwurzel	Rote Beete	Sellerie	Spargel	Spinat	Tomaten	Zichoriensalate	Zucchini	Zwiebel
		⊖									⊕	⊕	⊕		⊕		⊕	⊕					⊕	⊖
		⊖					⊕				⊕	⊕		⊕	⊕						⊖			⊖
	⊕	⊕									⊕	⊕												⊕
											⊕	⊖									⊖	⊕		
		⊕									⊕	⊖		⊕			⊕	⊕	⊕		⊖			⊕
						⊕				⊕							⊖	⊖		⊕	⊖			
							⊕				⊕						⊕				⊕			
		⊕			⊕		⊕				⊕	⊕	⊕				⊕	⊕	⊕	⊕				⊖
		⊕	⊕				⊕	⊖	⊕		⊕	⊕	⊕		⊕	⊕	⊕	⊖	⊕		⊕	⊕		⊕
							⊕		⊕		⊕					⊕	⊖	⊖			⊕			
							⊕		⊕					⊕										
		⊕		⊕	⊕						⊕	⊕	⊕								⊕	⊕		⊕
		⊕									⊖	⊕									⊕	⊖		⊕
		⊕	⊕				⊕		⊖	⊕	⊕	⊕		⊕	⊕		⊕	⊖	⊕		⊕	⊕		⊕
					⊕		⊕		⊕		⊕									⊕	⊕			
		⊖	⊖								⊕								⊖					⊕
		⊕									⊕													
		⊖									⊖						⊖				⊕			⊖
											⊕	⊕		⊕							⊕			
	⊖										⊕	⊕	⊕				⊕				⊕			
		⊕					⊕	⊕	⊕	⊕	⊕	⊕		⊕	⊕			⊕	⊕	⊕		⊕		
							⊕		⊖		⊕										⊕			⊕
																								⊕
			⊕	⊕		⊕					⊕						⊕	⊖				⊕	⊕	

Einjährige Sommerblumen

Vorgezogene Sommerblumen bekommen Sie meist in kleinen Plastiktöpfen, in denen die Wurzeln rasch austrocknen. Sie sollten die Wurzeln deshalb vor dem Eintopfen für kurze Zeit in Wasser tauchen, damit sie sich richtig vollsaugen können. Danach wachsen sie rasch in der neuen Erde an.

Viele Sommerblumen lassen sich ebensogut auf dem Balkon oder der Terrasse ziehen wie im Garten. In der folgenden Tabelle finden Sie eine Auswahl von einjährigen Sommerblumen, die aus Ihrem Balkon oder Ihren Garten ein farbenfrohes Blütenparadies machen. Sie können einjährige Sommerblumen ohne weiteres selbst aussäen – wie es gemacht wird, ist auf Seite 39 erklärt. Auf Seite 94 erfahren Sie alles Wissenswerte über die richtige Pflege Ihrer Sommerblüher, und zwei weitere Tabellen auf Seite 96 und 135 zeigen Ihnen, welche Pflanzen noch für den Balkon in Frage kommen.

Tagetes

▶ **Tip:** Wem es zu mühsam ist, die bunte Pracht selbst heranzuziehen: Im Gartencenter gibt es spätestens ab April fertig gezogene Jungpflanzen in allen möglichen Variationen.

Pflanze Botanischer Name	Blütenfarbe	Pflanz-/Aussaatzeit	Blütezeit
Blaues Gänseblümchen Brachycome iberidifolia	violett, blau, rosa	März unter Glas	Juni – Sept.
Eisenkraut Verbena	weiß, rot, blau	Febr. – März unter Glas	Juni – Okt.
Flammenblume Phlox drummondii	weiß bis blau	Febr. – April unter Glas	Juli – Sept.
Fleißiges Lieschen Impatiens walleriana	weiß bis rot	Febr. – März unter Glas	Juni – Sept.
Husarenkopf Sanvitalia procumbens	gelb	März unter Glas	Juni – Okt.
Kaisernelke Dianthus chinensis	weiß bis rot	Febr. – April unter Glas	Juni – Sept.
Leberbalsam Ageratum houstonianum	violett	Febr. – März unter Glas	Mai – Sept.
Löwenmäulchen Antirrhinum majus	breite Farbpalette	Febr. – März unter Glas	Juni – Sept.
Männertreu Lobelia erinus	blau, weiß	Jan. – März unter Glas	Mai – Aug.
Petunie Petunia-Hybriden	breite Farbpalette	Febr. – März unter Glas	Mai – Sept.
Ringelblume Calendula officinalis	gelb bis orange	März – April unter Folie	Juni – Okt.
Sommeraster Callistephus chinensis	breite Farbpalette	März – April unter Glas	Juni – Okt.
Sonnenwende Heliotropium arborescens	violett	Febr. – März unter Glas	Mai – Sept.
Steinkraut Lobularia erinus	weiß, lila	März – Mai unter Folie	Juni – Okt.
Studentenblume Tagetes tenuifolia	gelb bis orange	Jan. – März unter Glas	Juni – Okt.
Zinnie Zinnia elegans	weiß bis rot	Febr. – März unter Glas	Juli – Sept.
Zwergmargerite Chrysanthemum multicaule	weiß, gelb	März unter Glas	Juni – Sept.

April
der
Keimmond

Die Bezeichnung »April« geht vermutlich auf das lateinische Wort aperire = öffnen zurück: Den Monat April feierten die Römer als die Zeit, in der die Erde sich öffnete und die Pflanzen wieder zu keimen begannen. In der christlichen Tradition gilt der April als der Ostermonat, in dem die Auferstehung Christi gefeiert wird. Auch bei diesem Kirchenfest reicht der Ursprung in uralte Zeiten zurück: Schon die Angelsachsen feierten ein Frühlingsopferfest zu Ehren der Göttin Eostre, ihr heiliger Monat hieß »Eastre-monath«. Bei diesem Fest spielte der Mond eine bedeutende Rolle – wie übrigens auch heute noch: Nach einem Beschluß des Konzils von Nicäa (325 n.Chr.) wird das Osterfest, das erst seit dem späten Mittelalter diesen Namen trägt, stets am Sonntag nach dem ersten Vollmond gefeiert, der nach dem Frühlingsanfang am 21. März eintritt.

*Widder
vom 21. März
bis 20. April*

Das finden Sie im April

Aprilkalender

1.	Hugo, Irene	
2.	Franz, Maria von Ägypten, Rosamunde	
3.	Christian, Elisabeth, Richard	
4.	Ambrosius, Heinrich, Isidor, Maurus	
5.	Burkhard, Gerhard, Juliana, Vinzenz	
6.	Karolina	
7.	Burchard, Hermann Joseph, Johann Baptist	
8.	Appolonia, Beata, Walter	
9.	Konrad I., Waltrud	
10.	Daniel, Engelbert, Gerold, Hulda	
11.	Hildebrand, Reiner, Stanislaus	
12.	Herta, Julius	
13.	Ida, Justinian, Martin, Paulus, Roman	
14.	Ernestine, Tiburtius	
15.	Anastasia, Reinert	
16.	Benedikt Josef, Bernadette	
17.	Eberhard, Max Joseph, Rudolf	
18.	Herluka, Mechthilde	
19.	Gerold, Werner, Kreszentia	Schwendtag
20.	Hildegund, Wilhelm	
21.	Anselm, Konrad	
22.	Alfried	
23.	Adalbert, Arnulf, Gerard	
24.	Georg, Gerhard	
25.	Franka, Hermann, Markus	
26.	Helene, Richarius	
27.	Floribert, Zita	
28.	Hugo, Pierre, Vidalis	
29.	Dietrich, Katharina von Siena	
30.	Bernhard, Hilde	

Wurzeltag = ♉ ♍ ♑   Blattag = ♓ ♋ ♏   Blütentag = ♒ ♊ ♎   Fruchttag = ♈ ♌ ♐

	2001	2002	2003	2004	2005	2006	2007
1.	So) ♋	Mo (♐	Di ● ♈	Do) ♌	Fr (♑	Sa) ♉	So) ♍
2.	Mo) ♋	Di (♐	Mi) ♈	Fr) ♍	Sa (♑	So) ♊	Mo ○ ♎
3.	Di) ♌	Mi (♐	Do) ♉	Sa) ♍	So (♒	Mo) ♊	Di (♎
4.	Mi) ♌	Do (♑	Fr) ♉	So) ♎	Mo (♒	Di) ♋	Mi (♏
5.	Do) ♍	Fr (♑	Sa) ♉	Mo ○ ♎	Di (♓	Mi) ♋	Do (♏
6.	Fr) ♍	Sa (♒	So) ♊	Di (♎	Mi (♓	Do) ♋	Fr (♏
7.	Sa) ♎	So (♒	Mo) ♊	Mi (♏	Do (♓	Fr) ♌	Sa (♐
8.	So ○ ♎	Mo (♓	Di) ♋	Do (♏	Fr ● ♈	Sa) ♌	So (♐
9.	Mo (♏	Di (♓	Mi) ♋	Fr (♐	Sa) ♈	So) ♍	Mo (♑
10.	Di (♏	Mi (♓	Do) ♋	Sa (♐	So) ♉	Mo) ♍	Di (♑
11.	Mi (♐	Do (♈	Fr) ♌	So (♑	Mo) ♉	Di) ♍	Mi (♑
12.	Do (♐	Fr ● ♈	Sa) ♌	Mo (♑	Di) ♊	Mi) ♎	Do (♒
13.	Fr (♐	Sa) ♉	So) ♍	Di (♒	Mi) ♊	Do ○ ♎	Fr (♒
14.	Sa (♑	So) ♉	Mo) ♍	Mi (♒	Do) ♋	Fr (♏	Sa (♓
15.	So (♑	Mo) ♉	Di) ♎	Do (♓	Fr) ♋	Sa (♏	So (♓
16.	Mo (♒	Di) ♊	Mi ○ ♎	Fr (♓	Sa) ♋	So (♏	Mo (♈
17.	Di (♒	Mi) ♊	Do (♏	Sa (♈	So) ♌	Mo (♐	Di ● ♈
18.	Mi (♒	Do) ♋	Fr (♏	So (♈	Mo) ♌	Di (♐	Mi) ♉
19.	Do (♓	Fr) ♋	Sa (♐	Mo ● ♈	Di) ♍	Mi (♑	Do) ♉
20.	Fr (♓	Sa) ♋	So (♐	Di) ♉	Mi) ♍	Do (♑	Fr) ♊
21.	Sa (♈	So) ♌	Mo (♑	Mi) ♉	Do) ♍	Fr (♒	Sa) ♊
22.	So (♈	Mo) ♌	Di (♑	Do) ♊	Fr) ♎	Sa (♒	So) ♋
23.	Mo ● ♉	Di) ♍	Mi (♒	Fr) ♊	Sa) ♎	So (♓	Mo) ♋
24.	Di) ♉	Mi) ♍	Do (♒	Sa) ♊	So ○ ♏	Mo (♓	Di) ♌
25.	Mi) ♉	Do) ♎	Fr (♒	So) ♋	Mo (♏	Di (♈	Mi) ♌
26.	Do) ♊	Fr) ♎	Sa (♓	Mo) ♋	Di (♐	Mi (♈	Do) ♍
27.	Fr) ♊	Sa ○ ♏	So (♓	Di) ♌	Mi (♐	Do ● ♉	Fr) ♍
28.	Sa) ♋	So (♏	Mo (♈	Mi) ♌	Do (♑	Fr) ♉	Sa) ♍
29.	So) ♋	Mo (♐	Di (♈	Do) ♌	Fr (♑	Sa) ♊	So) ♎
30.	Mo) ♌	Di (♐	Mi (♒	Fr) ♍	Sa (♑	So) ♊	Mo) ♎

Wetter- und Bauernregeln

Die Bauern nennen den April auch den Keimmond, denn jetzt keimt die Saat, die im Februar und März in Feld und Acker eingebracht wurde. Die sprichwörtliche Launenhaftigkeit dieses Monats schlägt sich in vielen Bauernregeln nieder. Der ständige Wechsel zwischen Regen und Sonne ist dem Bauern jedoch gar nicht unlieb, denn dies läßt die Saat im Feld gut gedeihen.

Wichtigster Lostag (Seite 18) des Monats ist der 24. April, der Georgitag: An ihm entscheidet sich, wie die Saat aufgeht, d.h., wie ertragreich die Ernte sein wird: »Kommt Sankt Georg geritten auf einem Schimmel« – herrscht also Frost an diesem Tag –, »so kommt ein gutes Frühjahr vom Himmel«, weiß eine alte Bauernregel. Wichtig für Bauern und Gärtner ist auch der Markustag am 25. April, denn: »So lang' es vor Sankt Markus warm ist, so lang' ist's nachher noch kalt.«

Das wechselhafte Aprilwetter wird bei uns durch Kaltluft verursacht, die aus dem Norden auf das bereits frühlingshaft erwärmte Festland trifft: Quer durch Mitteleuropa verläuft eine Tiefdruckrinne von Norden nach Süden. Auf ihrer Ostseite strömt Luft aus südlichen Gefilden nach Norden, an der kalten Westseite dagegen grönländische Polarluft von Norden nach Süden – kein Wunder also, daß das Wetter »verrückt spielt«. Im April kann es regnen und sogar schneien, aber sobald die Sonne scheint, gibt sie bereits viel Wärme ab – manchmal alles an einem einzigen Tag. Der letzte länger anhaltende Frost kommt oft um den 10. April, und wenn dann die Roßkastanie ihre Blätter entfaltet, dauert es nicht mehr lange bis zum Vollfrühling.

Auch der Osterhase ist viel älter als das Christentum. Er geht auf den heiligen Mondhasen der »Großen Göttin« zurück. Alte Mythen berichten, daß Hathor-Astarte das Goldene Ei der Sonne legte. Daraus entstand der Brauch, daß ein Hase den braven Kindern am Samstag vor Ostern bunte Eier bringt.

● Weitere Bauernregeln für den April: Säen am ersten April verdirbt dem Bauern Stumpf und Stiel. Sturm und Wind an Rosamunde (2.) bringt eine gute Kunde. Wer an Christian (3.) säet Lein, bringt schönen Flachs in seinen Schrein. Ist Sankt Vinzenz (5.) Sonnenschein, bringt es viele Körner ein. Wenn der Kuckuck am 9. April nicht gesungen hat, ist er erfroren. Am

Tage Tiburtii (14.) sollen alle Felder grünen. Bläst der April mit beiden Backen, gibt's genug zu jäten und zu hacken. April naß und kalt, wächst das Korn wie im Wald. Gewitter vorm Georgiustag (24.), folgt gewiß noch Kälten nach. Zu Georgi (24.) blinde Reben, volle Trauben später geben. Friert's am Tag vor Sankt Vidal (28.), friert es wohl noch fünfzehnmal. Regen auf Walpurgisnacht (30.) hat stets ein gutes Jahr gebracht.

Sankt Georg ist der Schutzpatron des Viehs und der Pferde, und an diesem Bauernfeiertag werden vielerorts noch Frühlingsumritte veranstaltet. In früheren Zeiten sollten die Georgiritte, bei denen Wald und Flur gesegnet wurden, dafür sorgen, daß mögliches Unheil von Feld und Acker abgewendet wurde. Man glaubte nämlich, daß an diesem Tag die Hexen ihr Unwesen trieben und Saat und Wachstum Schaden zufügten. Mit den Umzügen und Grenzbegehungen wollte man die Dämonen abwehren.

Volksglaube

Früher galten diejenigen, die zu Ostern geboren wurden, als besondere Glückskinder. Um Tiere auf dem Hof vor Hexerei zu bewahren, hängte man an Ostern frisch gebrochene grüne Zweige an die Stalltüren. Auch mit dem Osterwasser hatte es seine besondere Bewandtnis: Kinder, die mit frisch geweihtem Wasser getauft wurden, sollten besonders klug werden. Um lange schön und gesund zu bleiben, badete man an Ostern in einem fließenden Gewässer. Und das Trinken von Osterwasser sollte gegen allerlei Krankheiten wappnen.

Ab dem Sankt-Georgs-Tag mußten die Kinder früher barfuß gehen, denn: »Georgi bringt grüne Schuh« – das jedenfalls besagt ein alter Spruch.

Was jetzt im Garten blüht

Fällt Ostern in den April (spätestens am 25. April), kann man sich meist schon über eine ganze Menge bunter Blüten freuen. Besonders attraktiv ist die *Magnolie (Magnolia)*, die cremeweiß, purpurrot oder gelb blüht. Sie wird bis zu sechs Meter hoch und ist auch als Kübelpflanze bestens auf Terrasse und Balkon zu halten.

Ebenfalls überall in den Gärten zu sehen: *Blaukissen (Aubrieta)*, eine immergrüne Polsterstaude, die man gerne im Steingarten anpflanzt,

Lavendelheide

67

Gehölze könnte man auch als das »Gerüst des Gartens« bezeichnen. Sie gliedern und prägen ihn, alles im Garten gruppiert sich um Gehölze herum. Wenn Sie sich beim Gärtner gut beraten lassen, können Sie sich das ganze Jahr hindurch an blühenden Gehölzen freuen. Doch Vorsicht: Tun Sie des Guten nicht zuviel, denn Gehölze kann man nicht so leicht wieder umpflanzen. Deshalb sollten Sie vorher genau überlegen, wie Sie Ihren Garten gestalten wollen.

die weißblühende *Gänsekresse (Arabis)* oder *Frühlingsstern (Ipheion uniflorum)*, dessen weißviolett getönte Sternenblüten sich ebenfalls im Steingarten gut machen, *Gedenkemein (Omphalodes)* aus der Borretschfamilie, der gelb und braun blühende *Goldlack (Cheiranthus)*, *Schwertlilien (Iris barbata)*, *Jakobslilien (Sprekelia)*, *Kaiserkrone (Fritillaria imperalis)*, *Lavendelheide (Pieris)*, *Buschwindröschen (Anemone)* und natürlich neben den gelben bis weißen *Narzissen (Narcissus)* auch das weiße, rosa oder sogar rote *Gänseblümchen (Bellis perennis)*, *Primeln (Primula)* in vielen bunten Farben, *Duftveilchen (Viola odorata)* und *Stiefmütterchen (Viola)*, die *Traubenhyazinthe (Muscari)* und selbstverständlich die *Tulpe (Tulipa)* in ihrer bunten Vielfalt. Wer geschickt gepflanzt hat, kann sich bis Ende Mai an den unterschiedlichsten Tulpensorten erfreuen.

Auch viele Sträucher zeigen jetzt ihr Blütenkleid: zuerst die strahlendgelben *Forsythien (Forsythia intermedia)*, dann die rosa *Zierkirsche (Prunus)*, die in vielen Farben blühende *Zierquitte (Chaenomeles)*, der zartrosa *Seidelbast (Daphne mezereum)* oder die weiße *Felsenbirne (Amelanchier)*. Auch *Rhododendron (Rhododendron)* und *Schneeball (Viburnum)* stehen jetzt – je nach Region und Witterungsverhältnissen – in voller Blüte.

Pflanze des Monats: Das Duftveilchen

Das etwa 10 bis 15 Zentimeter große *Duftveilchen (Viola odorata)* mit seinen blauen, rosa, purpurnen oder weißen Blüten ist eine schattenverträgliche Staude (Seite 55) und gedeiht deshalb gut unter Bäumen (Abbildung Seite 62). Behagt ihm der Standort, so kann es zu einer flächigen Ausbreitung kommen. Ein Versuch im Frühjahr mit drei Pflanzen kann also der Beginn einer himmelblauen, duftenden Veilchenwiese sein! Leicht vermehren können Sie das Veilchen durch Teilung (Seite 118).

Mit Pflanzen Schädlingen vorbeugen

Gegen viele Pflanzenschädlinge und sogar -krankheiten im Garten ist ein Kraut gewachsen. Probieren Sie es selbst aus – und pflanzen Sie einfach »Schutzpflanzen« in die Nähe Ihrer Gemüsekulturen:

● gegen Ameisen: Lavendel, Feldsalat und Rainfarn
● gegen Blattwespen: Rainfarn
● gegen Erdflöhe (z.B. bei allen Kohlarten): Wermut, Pfefferminze, Zwiebeln, Knoblauch und Kopfsalat
● gegen Kohlweißlinge: Pfefferminze, Salbei, Tomaten, Thymian und Beifuß
● gegen Mäuse: Knoblauch, Kaiserkrone, Hundszunge und Steinklee
● gegen Mehltau: Knoblauch, Schnittlauch und Basilikum
● gegen die Möhrenfliege: Zwiebeln und Salbei
● gegen Milben: Himbeeren.

So manches Küchenkraut wehrt Schädlinge und Krankheiten ab. Deshalb sollten Sie im Garten, auf der Terrasse und dem Balkon auf Gewürzpflanzen nicht verzichten. Das sieht nicht nur hübsch aus, sondern bringt doppelten Nutzen: als Abwehrpflanze und zum Würzen in der Küche. Außerdem haben Sie auf diese Weise immer frischen Nachschub parat (Seite 88).

Kräuterjauchen

Im April kommen die Regentonnen und Jauchefässer wieder ins Freie. Wenn Sie Ihren Garten umweltbewußt von Schädlingen befreien und gleichzeitig natürlich düngen wollen, können Sie jetzt Kräuterjauchen ansetzen (Tabelle Seite 70), die je nach Pflanze unterschiedlich wirken. Und so wird's gemacht:
● Die angegebene Menge frische oder getrocknete Pflanzenteile mit der entsprechenden Menge Wasser (Regenwasser oder abgestandenes Leitungswasser) vermischen bzw. in der vorgeschriebenen Weise zubereiten.
● Die Flüssigkeit in eine Jauchetonne füllen, mit einem Sieb oder einem Deckel luftdurchlässig abdecken und täglich einmal umrühren. Nach etwa zwei Wochen ist die Jauche dann fertig. Je nach Angabe nochmals mit der entsprechenden Menge Regen- oder abgestandenes Leitungswasser verdünnen.

Pflanze	Wie ansetzen?	Fertige Jauche verdünnen
Ackerschachtelhalm	1 kg frische oder 150 g getrocknete Pflanze auf 10 l Wasser; Mischung aufkochen	fünffach
Baldrian	Blüten zu Saft pressen, 10 Tropfen Blütensaft auf 10 l Wasser; 5 Minuten verrühren	unverdünnt
Brennessel	1 kg frische oder 100 g getrocknete Pflanze auf 10 l Wasser	zehnfach
Farnkraut	1 kg frische oder 100 g getrocknete Pflanze auf 10 l Wasser	unverdünnt
Hirtentäschel	1 kg frische Pflanze auf 10 l Wasser	fünffach
Schwarzer Holunder	1 kg frische Pflanze auf 10 l Wasser	fünffach
Kamille	100 g getrocknete Pflanze auf 10 l Wasser	fünffach
Kapuzinerkresse	1 kg frische Pflanze auspressen	unverdünnt
Knoblauch	75 g zerkleinerte Knolle auf 10 l Wasser	unverdünnt
Pfefferminze	300 g frische oder 30 g getrocknete Pflanze auf 10 l Wasser	unverdünnt
Rainfarn (giftig!)	300 g frische Pflanze auf 10 l Wasser	unverdünnt
Rhabarber	500 g frische Pflanze auf 3 l Wasser	unverdünnt
Schafgarbe	1 kg frische oder 100 g getrocknete Pflanze auf 5 l Wasser	zehnfach
Tomate	30 g frische Tomatentriebe auf 2 l Wasser	zweifach

Wann ausbringen?	Anwendung / Wirkweise / Hilft gegen
ganzjährig an frostfreien Tagen	bodenheilend, pflanzenstärkend (durch Kieselsäure); vorbeugend gegen Pilzkrankheiten; gegen Apfelwickler, Kirschfruchtfliege, Lauchmotten, Spinnmilben
vor der Blüte/bei der Fruchtbildung; vor Frost	fördert die Blüten- und Fruchtbildung; als Frostschutz bei Obstbäumen und Beerensträuchern
ab dem Frühjahr	stärkt die Widerstandskraft (nur bei bedecktem Himmel anwenden!); einmal pro Woche vorbeugend gegen Blattläuse, Schildläuse, Spinnmilben, Ameisenstraßen
bei Befall im Winter	Schild- und Blattläuse
bei Bedarf	bei einseitig beanspruchten Böden über Pflanzen und Boden sprühen
vorbeugend und bei Befall	Kohlweißlinge und Erdraupen
vorbeugend und bei Befall	erhöht die Keimkraft von Samen; desinfiziert Baumwunden; bei Himbeerrutenkrankheit
bei Befall	Blattlauskolonien einpinseln
vorbeugend und bei Befall	Möhrenfliege, Erdbeer- und Spinnmilben
bei Bedarf	auf Ameisenstraßen gießen
bei Befall zweimal wöchentlich	Erdflöhe
bei Befall	schwarze Bohnenblattläuse und Lauchmotten
mehrmals im Abstand von zwei Wochen an drei aufeinanderfolgenden frostfreien Tagen	Blattflecken- und Kräuselkrankheit, Echten Mehltau und Wurzeltöterkrankheit
vorbeugend und bei Befall	sehr gut gegen Erbsenwickler, Erdraupen, Kohlweißlinge und Kartoffelkäfer (kurz vor oder während der Flugzeit)

Was im April zu tun ist

Allgemeines

- Beete mit einer Grabgabel lockern, mit dem Rechen glätten
- Unkraut ausstechen; Wurzelreste im Boden entfernen
- Gründüngung auf Brachflächen aussäen: Senf, Legominosen (Seite 89)
- Überwinterte Gründüngungspflanzen in den Boden einarbeiten (Seite 89)
- Vogeltränke aufstellen; öfter frisches Wasser nachfüllen

Ziergarten

- Steingarten anlegen
- Gartenteich anlegen
- Bei längeren Trockenperioden öfter gießen
- Saaten vor Vögeln schützen (mit Folie abdecken, Vogelscheuche aufstellen)
- Letzte Winterabdeckungen entfernen
- Sommerblumen aussäen (Seite 60)
- Stauden pflanzen, die keine Herbstpflanzung vertragen
- Staudenstecklinge schneiden (Seite 119)
- Ab Ende April Dahlien und Gladiolen einpflanzen (Seite 144)
- Immergrüne Polsterstauden (Seite 85) nach der Blüte zurückschneiden (Seite 55)
- Rasen »lüften« (vertikutieren); evtl. Staunässe beheben (Seite 77)
- Stauden düngen, falls nicht im Herbst geschehen
- Rosen pflanzen (Seite 104)

Gemüsegarten

- Unter Glas aussäen (Seite 38): Sellerie, Tomaten, Paprika, Gurken, Zucchini, Brokkoli, Bohnen; Kräuter (Seite 88)
- Unter Folie aussäen (Seite 37): Salat, Blumenkohl, Kohlrabi, Bleichsellerie, Knollenfenchel
- Ins Freie aussäen (Seite 112): Spinat, Erbsen, Rettich, Radieschen, Zwiebeln, Lauch, Mangold, Möhren, Kohl für den Herbstanbau, Gewürzkräuter
- Vorgekeimte Kartoffeln in Saatrillen »legen« und anhäufeln (Seite 189)
- Kohl pflanzen
- Rhabarber und Spinat ernten

Was im April zu tun ist

Obstgarten

♦ Beerensträucher, Kiwi, Wein und Monatserdbeeren pflanzen
♦ Schnell und stark wachsende Apfelbäume kurz vor der Blüte schneiden (Seite 40)
♦ Pfirsich und Aprikose schneiden (vor der Blüte, Seite 40)
♦ Baumscheiben offen halten
♦ Harzende Stellen an Obstbäumen ausschneiden, Wunden verschließen
♦ Obstschorf und Apfelmehltau mit Kräuterjauchen bekämpfen (Seite 69)
♦ Auf Schädlinge achten (Schnecken, Birnengallmücke, Frostspanner, Goldafter, Schwammspinner, Sägewespe, Blattläuse, Spinnmilben) und ggf. Schutzpflanzungen anlegen bzw. mit Kräuterjauchen bekämpfen (Seite 69 und Seite 145)

Balkon

♦ Ziergehölze pflanzen (Seite 164)
♦ Gräser pflanzen (Seite 193)
♦ Stauden pflanzen (Seite 55)
♦ Kräuter auf der Fensterbank aussäen (Seite 88)
♦ Kübelpflanzen ins Freie bringen, aber vor Nachtfrösten schützen (Seite 27)

Sonstiges

♦ Wasserhähne, Regentonnen, Brunnen auf Frostschäden überprüfen

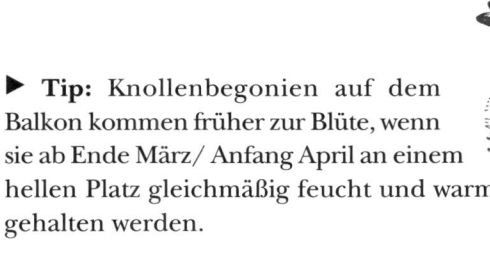

▶ **Tip:** Knollenbegonien auf dem Balkon kommen früher zur Blüte, wenn sie ab Ende März / Anfang April an einem hellen Platz gleichmäßig feucht und warm gehalten werden.

Der grüne Teppich im Garten

Wenn Sie zum erstenmal einen Rasen anlegen, sollten Sie zunächst anhand einer kleinen Checkliste überlegen, welchen Rasen Sie brauchen:

● Welche Lage hat der künftige Rasen in Ihrem Garten? Sonnig, halbschattig oder schattig? Danach richtet es sich, welche Grasarten Sie brauchen.

● Welchen Anforderungen sollte Ihr Rasen gewachsen sein? Werden Ihre Kinder darauf herumtoben? Haben Sie Tiere, die im Garten herumtollen? Dann brauchen Sie vor allem einen strapazierfähigen Rasen.

● Wie ist die Bodenqualität? Schwer oder leicht? Steinig? Sauer oder basisch? Auch von der Bodenbeschaffenheit hängt es ab, welche Gräser am besten gedeihen.

Beim Einkauf des Rasensamens lassen Sie sich am besten von einem Fachmann beraten. Doch sollten Sie Wert darauf legen, daß mindestens fünf verschiedene Grasarten in Ihrer Rasensaat enthalten sind. Je nach Mischung brauchen Sie pro Quadratmeter Fläche zwischen 15 und 40 Gramm Samen.

Vorbereitung zur Rasenaussaat

Ihr Rasenboden muß ebenso gut vorbereitet werden wie ein Gemüsebeet:

● Entfernen Sie zuerst Bauschutt, Steine und Wurzeln aller Art.

● Danach wird der Boden umgegraben. Ist er sehr schwer, sollten Sie reichlich Sand (bis 50 kg/qm) darunter mischen. Damit wird der Boden gut durchlüftet, und das Wasser kann besser ablaufen. Ist der Boden auch noch humusarm, arbeiten Sie statt Sand so viel Torf, Kompost oder Rindensubstrat ein, bis der Boden eine dunkle Farbe annimmt.

● Unebene Stellen gleichen Sie am besten jetzt aus, denn sobald die Saat ausgebracht ist, ist das nur noch schwer möglich. Große Erdklumpen zerkleinern Sie, mit dem Rechen bereiten Sie das Saatbett vor.

So sät man Rasen aus

In der zweiten Aprilhälfte ist es dann soweit. Der Boden darf nicht zu naß, sondern nur gut feucht sein. Am besten verwenden Sie einen fahrbaren Düngerstreuer, damit die Rasensamen möglichst gleichmäßig verteilt werden. Anschließend müssen Sie die Körner gut andrücken – am besten mit einer Walze. Sobald die Saat feucht wird und es ausreichend warm ist, müssen Sie Ihren Jungrasen bewässern. Wenn alles günstig zusammenspielt, zeigt sich schon nach 10 bis 14 Tagen die Keimung; nach etwa vier Wochen sind die Graspflanzen dann gut entwickelt. Mähen Sie den neuen Rasen das erste Mal, sobald er sechs bis acht Zentimeter hoch ist.

Am 10. April, dem Sankt-Ezechiels-Tag, ist genau der 100. Tag nach Neujahr. Jetzt sollte man nach alter Überlieferung Lein ansäen. Früher zog jeder Bauer seinen Lein selbst. Lein diente auch als Heilmittel: Die Leinsamen sollen bei Magen- und Darmentzündungen helfen.

»Englischer« Rasen oder Blumenwiese?

Einen grünen Rasenteppich findet man nach wie vor in fast jedem Garten. Im Trend liegt jedoch mehr und mehr die bunte Blumenwiese – im Gegensatz zum streng angelegten »englischen« Rasen, der intensiver Pflege bedarf. Wer also keinen gleichmäßigen Rasen in seinem Garten haben möchte, sondern lieber eine »altmodische« Blumenwiese, muß die entsprechenden Gartenflächen gründlich vorbereiten. Meist ist der Boden nämlich zu nährstoff- und humusreich. Wiesenkräuter sind dagegen gewohnt, mit kargem Boden auszukommen. Während Sie einen »englischen« Rasen regelmäßig einmal pro Woche mähen müssen, ist das bei einer Blumenwiese nicht nötig: Anfangs genügen vier- bis siebenmal pro Jahr, später müssen Sie dann nur noch zweimal jährlich mähen. Wer seine Blumenwiese neu anlegt, mäht zum erstenmal zwei bis drei Monate nach der Aussaat (am besten mit der Sense). Weitere Pflege ist dann nicht mehr nötig.

Für eine bunte Blumenwiese reicht es leider nicht aus, einfach nur Wildkräutersamen in den Rasen zu säen. Der Grund: Meist besitzen sie nicht ausreichend Widerstandskraft, um sich gegen die Gräser durchzusetzen, d.h., Sie hätten nur kurze Zeit Freude an den Wildblumen. Lassen Sie Ihren Rasen lieber nach und nach verwildern, und pflanzen Sie statt dessen gezielt Wiesenblumen an. Welche sich besonders gut eignen, zeigt die folgende Übersicht:

Weißklee

75

Wiesenpflanzen für den Rasen

Pflanze	Botanischer Name	Blütezeit	Standort
Färberkamille	Anthemis tinctoria	Juni – Sept.	trockener Boden
Frühlingsplatterbse	Lathyrus vernus	Mai – Juni	frischer bis feuchter Boden
Günsel	Ajuga reptans	Mai – Juli	frischer bis feuchter Boden
Hahnenfuß	Ranunculus acris	Mai – Sept.	frischer bis feuchter Boden
Karthäusernelke	Dianthus carthusianorum	Juni – Sept.	trockener Boden
Knäuelglockenblume	Campanula glomerata	Juni – Juli	trockener bis frischer Boden
Kuckuckslichtnelke	Lynchis flos-cuculi	Juni – Aug.	frischer bis feuchter Boden
Margerite	Chrysanthemum leucanthemum	Mai – Juni	trockener bis frischer Boden
Moschusmalve	Malva moschata	Juli – Sept.	trockener bis frischer Boden
Rote Lichtnelke	Silene dioica	Mai – Sept.	frischer bis feuchter Boden
Schafgarbe	Achillea millefolium	Juni – Sept.	trockener bis frischer Boden
Schlüsselblume	Primula veris	April – Mai	trockener bis frischer Boden
Weißklee	Trifolium repens	Mai – Okt.	frischer Boden
Wiesenbocksbart	Tragopogon pratensis	Mai – Aug.	frischer Boden
Wiesenflockenblume	Centaurea jacea	Juni – Sept.	frischer Boden
Wiesenglockenblume	Campanula patula	Juni – Juli	frischer Boden
Wiesenkautie	Knautia arvensis	Juli – Sept.	trockener bis frischer Boden
Wiesenkerbel	Anthriscus sylvestris	April – Juli	frischer Boden
Wiesensalbei	Salvia pratensis	Mai – Juli	trockener Boden
Wiesenstorchschnabel	Geranium pratense	Juni – Sept.	frischer Boden

Rasenpflege

Ein Rasen bedarf guter Pflege, damit er als grüner Teppich Ihren Garten schmückt. Zur Rasenpflege gehören:

● Rasen »lüften« (vertikutieren): Im April, spätestens jedoch im Mai sollten Sie den Rasen vertikutieren, indem Sie mit dem Rechen – am besten mit einem speziellen Vertikutierrechen – die Grasnarben regelrecht aufschlitzen. (Empfehlenswert ist auch ein elektrisch betriebener Vertikutierrechen, der Ihnen die Arbeit vor allem bei größeren Rasenflächen sehr erleichtert.) Dabei kommen abgestorbene und verfilzte Wurzelteile ans Tageslicht; auch Moos wird auf diese Weise gelöst und nach oben gebracht. Durch das Auflockern des Bodens kommt wieder genügend Luft an die Wurzeln, und das Gras wird nachher um so besser wachsen.

● Staunässe beheben (Lochdrainage): Viele Rasen leiden unter Staunässe. Dagegen hilft Vertikutieren jedoch kaum. Sie müssen Ihren Rasen in solchen Fällen trockenlegen: Graben Sie an der Stelle ein Loch, an der das Wasser nach einem heftigen Regen oder beim Abtauen des Schnees nicht abfließt. Dieses Loch sollte – nachdem Sie die Rasensode sorgfältig abgehoben haben – etwa einen halben Meter tief sein und einen Durchmesser von 50 bis 100 Zentimetern haben. Dahinein kommen große Kieselsteine, darauf etwa fünf Zentimeter Styromull, wieder darauf etwa zehn Zentimeter kleine Kieselsteine. Jetzt füllen Sie mit normaler Erde auf und legen die Rasensode wieder darauf. Im Umkreis von ungefähr zwei Metern kann das Wasser nun gut abfließen. Bei größeren Rasenflächen müssen Sie unter Umständen mehrere solcher Lochdrainagen anlegen.

Am letzten Tag im April ist die Walpurgisnacht oder Freinacht. Traditionell feierten die Hexen an diesem Tag ein Frühlingsfest. Beltane – wie das Fest genannt wurde – ist heute noch für allerlei Schabernack gut: Ortsschilder werden vertauscht, Fensterläden ausgehängt und versteckt.
Am Vorabend des ersten Mai ist es auch in vielen Dörfern üblich, den prächtig geschmückten Maibaum des Nachbarortes zu stehlen. Erst gegen ein Lösegeld (das meist in Form von Bier bezahlt wird) kann der Maibaum ausgelöst werden.

Mai
der
Wonnemond

Der Mai trägt den Namen der Frühlingsgöttin Maya, die in Nordeuropa als »Maj« verehrt wurde. Bis ins 16. Jahrhundert feierte man sie mit frischem Grün als Fruchtbarkeitssymbol, das den Menschen Glück und Liebe bringen sollte. Der Mai galt als Liebes- oder Wonnemonat, in dem die Ehebande zu Ehren der Göttin außer Kraft gesetzt waren. Die katholische Kirche wiederum erklärte den Mai zum »Marienmonat«, in dem allabendlich die Maiandacht mit anschließender Lichterprozession gefeiert wird. Schon in heidnischer Zeit wurde der Frühlingsbeginn Anfang Mai gefeiert: Der Maibaum stellte ursprünglich die Lebensrute dar, das Sinnbild allen Werdens und Fruchttragens.

Stier
vom 21. April
bis zum 20 Mai

Das finden Sie im Mai

Maikalender

1.	Arnold, Augustin, Jakob, Josef der Arbeiter	
2.	Boris, Konrad, Zoe	
3.	Alexander, Jakobus, Richard	Schwendtag
4.	Cäcilia, Florian, Guido, Jean-Martin, Valeria	
5.	Angelus, Franz, Jutta, Sigrid	
6.	Antonia, Gundula, Johann von der Pfalz	
7.	Boris, Gisela, Stanislaus	
8.	Friedrich, Klara, Ulrich, Ulrike	
9.	Beatus, Ottokar, Theresia, Volkmar	
10.	Antonin, Gordian	Schwendtag
11.	Adalbert, Joachim, Mamertus, Thomas	
12.	Achilleus, Imelda, Pankratius	
13.	Agnes, Robert, Servatius	
14.	Bonifatius, Christian	
15.	Friedrich, Rupert, Sophia	
16.	Johannes Nepomuk	
17.	Bruna, Dietmar, Walter	
18.	Erich, Felix, Johannes I.	
19.	Bernarda, Ivo, Kuno	
20.	Bartholomäus, Valeria	
21.	Ehrenfried, Hermann, Konstantin der Große, Wiltrud	
22.	Julia, Renate, Rita	Schwendtag
23.	Johann, Desiderius	
24.	Dagmar, Esther, Franz, Magdalena, Sophie	
25.	Gregor VII., Heinrich, Heribert, Urban I.	Schwendtag
26.	Augustin, Maria Anna, Philipp Neri	
27.	Augustin von Canterbury, Brun	
28.	Margareta, Wilhelm	
29.	Irmtrud, Maximin	
30.	Ferdinand, Hubert, Johanna von Orleans, Reinhild	
31.	Petronilla, Aldo, Helmtrud	

Wurzeltag = ♉ ♍ ♑ Blattag = ♓ ♋ ♏ Blütentag = ♒ ♊ ♎ Fruchttag = ♈ ♌ ♐

	2001	2002	2003	2004	2005	2006	2007
1.	Di) ♌	Mi (♑	Do ● ♉	Sa) ♍	So (♒	Mo) ♊	Di) ♎
2.	Mi) ♍	Do (♑	Fr) ♉	So) ♎	Mo (♒	Di) ♋	Mi ○ ♏
3.	Do) ♍	Fr (♒	Sa) ♊	Mo) ♎	Di (♓	Mi) ♋	Do (♏
4.	Fr) ♎	Sa (♒	So) ♊	Di ○ ♏	Mi (♓	Do) ♌	Fr (♐
5.	Sa) ♎	So (♒	Mo) ♊	Mi (♏	Do (♈	Fr) ♌	Sa (♐
6.	So) ♏	Mo (♓	Di) ♋	Do (♐	Fr (♈	Sa) ♌	So (♑
7.	Mo ○ ♏	Di (♓	Mi) ♋	Fr (♐	Sa (♉	So) ♍	Mo (♑
8.	Di (♏	Mi (♈	Do) ♌	Sa (♑	So ● ♉	Mo) ♍	Di (♑
9.	Mi (♐	Do (♈	Fr) ♌	So (♑	Mo) ♊	Di) ♎	Mi (♒
10.	Do (♐	Fr (♈	Sa) ♍	Mo (♒	Di) ♊	Mi) ♎	Do (♒
11.	Fr (♑	Sa (♉	So) ♍	Di (♒	Mi) ♊	Do) ♎	Fr (♓
12.	Sa (♑	So ● ♉	Mo) ♍	Mi (♓	Do) ♋	Fr) ♏	Sa (♓
13.	So (♒	Mo) ♊	Di) ♎	Do (♓	Fr) ♋	Sa ○ ♏	So) ♈
14.	Mo (♒	Di) ♊	Mi) ♎	Fr (♓	Sa) ♌	So (♐	Mo (♈
15.	Di (♒	Mi) ♊	Do) ♏	Sa (♈	So) ♌	Mo (♐	Di (♉
16.	Mi (♓	Do) ♋	Fr ○ ♏	So (♈	Mo) ♌	Di (♑	Mi ● ♉
17.	Do (♓	Fr) ♋	Sa (♐	Mo (♉	Di) ♍	Mi (♑	Do (♊
18.	Fr (♓	Sa) ♌	So (♐	Di (♉	Mi) ♍	Do (♒	Fr (♊
19.	Sa (♈	So) ♌	Mo (♑	Mi ● ♊	Do) ♎	Fr (♒	Sa) ♋
20.	So (♈	Mo) ♍	Di) ♑	Do) ♊	Fr) ♎	Sa (♒	So) ♋
21.	Mo (♉	Di) ♍	Mi (♒	Fr) ♊	Sa) ♎	So (♓	Mo) ♌
22.	Di (♉	Mi) ♎	Do (♒	Sa) ♋	So) ♏	Mo (♓	Di) ♌
23.	Mi ● ♊	Do) ♎	Fr (♓	So) ♋	Mo ○ ♏	Di (♈	Mi) ♌
24.	Do) ♊	Fr) ♏	Sa (♓	Mo) ♌	Di (♐	Mi (♈	Do) ♍
25.	Fr) ♋	Sa) ♏	So (♈	Di) ♌	Mi (♐	Do (♉	Fr) ♍
26.	Sa) ♋	So ○ ♐	Mo (♈	Mi) ♌	Do) ♑	Fr (♉	Sa) ♎
27.	So) ♌	Mo (♐	Di (♈	Do) ♍	Fr (♑	Sa ● ♊	So) ♎
28.	Mo) ♌	Di (♑	Mi (♉	Fr) ♍	Sa (♒	So) ♊	Mo) ♎
29.	Di) ♍	Mi (♑	Do (♉	Sa) ♎	So (♒	Mo) ♋	Di) ♏
30.	Mi) ♍	Do (♑	Fr (♊	So) ♎	Mo (♓	Di) ♋	Mi) ♏
31.	Do) ♍	Fr (♒	Sa ● ♊	Mo) ♏	Di (♓	Mi) ♌	Do) ♐

Wetter- und Bauernregeln

Langjährige Wetterbeobachtungen zeigen: Anfangs zeigt sich der Mai noch launisch, ab Mitte des Monats jedoch stellt sich meist Schönwetter ein. Der Grund: Hoher Luftdruck verlagert sich von Asien zum Atlantik. Dadurch steigt auch bei uns der Luftdruck an und führt meist zu einer quer über Mitteleuropa liegenden Hochdruckbrücke, dem wichtigsten Merkmal für eine stabile Schönwetterperiode. Allerdings mit einer Ausnahme: Die Eisheiligen vom 12. bis 14. Mai können noch einmal Kälte und sogar Frost und Schnee bringen. Diese wichtigen Lostage (Seite 18) werden im Norden noch um Mamertus (11. Mai) und in Süddeutschland um die »kalte Sophie« (15. Mai) erweitert. Der endgültig letzte Kältetermin ist dann der 25. Mai mit Sankt Urban: »Sankt Urbanus gibt der Kälte den Rest, wenn Servatius (einer der Eisheiligen) noch was übrig läßt«, heißt es. Eine andere bäuerliche Wetterregel besagt: »Ist am Urbantag das Wetter schön, so wird man volle Weinstöck' sehn.« Doch egal, wie das Wetter wird: Kaum eine Pflanze hat im Mai noch nicht ausgetrieben und alles grünt und blüht – der Vollfrühling ist nicht mehr aufzuhalten. Selbst die Obstblüte ist jetzt kaum mehr in Gefahr.

● Weitere Bauernregeln für den Mai: Kommt der 1. Mai mit Schall, bringt er Gauch (Kuckuck) und Nachtigall. Der Florian, der Florian (4.), noch einen Schneemann setzen kann. Johannisnacht (6.) gesteckte Zwiebel wird groß fast wie ein Butterkübel. Wenn sich naht Sankt Stanislaus (7.), rollen die Kartoffeln aus. Fröste im Mai schädlich sind, gut hingegen sind die Wind'. Pankraz (12.) und Servaz (13.) sind zwei böse Brüder: Was der Frühling gemacht hat, zerstören sie wieder. Vor Nachtfrost bist du sicher nicht, bevor Sophie (15.) nicht vorüber ist. Ein heißer Mai ist des Todes Kanzlei. Scheint am Urbanstag (25.) die Sonne, so gerät der Wein zur Wonne. Regnet's aber, nimmt er Schaden und wird selten wohlgeraten. Regen im Mai bringt fürs ganze Jahr Brot und Heu.

Volksglaube

Wenn die Bienenschwärme schon im Mai auf den Wiesen zu sehen sind, galt dies früher als gutes Vorzeichen. Wer im Mai badete, konnte sicher sein, seiner Gesundheit etwas besonders Gutes zu tun, und wusch man sich mit dem Tau, der am Morgen des 1. Mai von den Pflanzen aufgelesen wurde, erlangte man große Schönheit. Nach altem Glauben ließ der Maitau Narben verschwinden und heilte Hautkrankheiten. Außerdem, so hieß es früher, gedieh das Vieh besser, wenn man ihm Maitau zu trinken gab.

Frühestens am 10. Mai ist Pfingsten. Wenn Ostern später liegt, fällt das Datum dieses Kirchenfestes in die zweite Maihälfte. Das späteste Pfingstfest werden wir übrigens im Jahr 2000 feiern: Der Pfingstsonntag fällt in diesem Jahr auf den 11. Juni.

Was jetzt im Garten blüht

In diesem Monat steht alles in voller Blüte! Die Gärten sehen prachtvoll aus, und auf vielen Balkonen prangen spätestens nach den Eisheiligen die bunt bepflanzten Kästen. Neben dem *Maiglöckchen (Convallaria majalis)* ist natürlich der *Flieder (Syringa)* die Pflanze, die eng mit dem Mai verbunden ist – wer hat nicht schon einmal für seine Liebste oder am Muttertag den duftenden Flieder aus Nachbars Garten »geholt«? Ebenfalls in diesem Monat zeigen sich *Waldrebe (Clematis)* und die blaue *Glyzinie (Wisteria)* in voller Blüte. Etwas später kommen die *Pfingstrosen (Paeonia)*. Im Steingarten sehen jetzt die blühenden Polsterstauden als »Bodendecker« besonders hübsch aus. Sie bilden riesige bunte »Kissen«, deren Farbenpracht unübersehbar ist.

Darüber hinaus sind sie meist genügsam und kommen auch mit wenig Nährstoffen im Boden aus. Schöne Polsterstauden, die jetzt im Mai blühen, finden Sie in der folgenden Übersicht auf Seite 85.

Wenn die Apfelblüte einsetzt, ist der Vollfrühling da. Nach der phänologischen Jahreszeit (Seite 7) liegt der Mittelwert in Deutschland um den 7. Mai, in Österreich mit Beginn der Fliederblüte je nach Region zwischen dem 2. und 28. Mai, und in der Schweiz, in der anders gerechnet wird, zwischen dem 132. und 148. Tag des Jahres (ab Neujahr gezählt). Durchschnittliche Blühtermine bei uns in Deutschland, die den Vollfrühling bestätigen, sind auch der 12. Mai (Fliederblüte), der 13. Mai (Roßkastanienblüte) und der 18. Mai (Weißdorn- und Ebereschenblüte).

Pflanze des Monats: Das Maiglöckchen

Das *Maiglöckchen (Convallaria majalis)* liebt es schattig (Abbildung Seite 78). Es gehört zu den Wurzelpflanzen, d.h., seine Rhizome (= Wurzeln) müssen erst kräftig wachsen, bevor es drei Jahre später zum erstenmal blüht. Es gibt verschiedene Maiglöckchenarten, die sich vor allem darin unterscheiden, daß sie mehr oder weniger reich blühen. Alle jedoch sind unverwüstliche Stauden (Seite 55), die sich im Garten so richtig breitmachen. Dies sollten Sie einplanen, wenn Sie das erste Mal Maiglöckchen setzen. Auch deshalb, weil in der Umgebung nur robuste Waldstauden eine Überlebenschance haben (hübsch sehen da z. B. manche Farne aus, Seite 150).

Wer verliebt war, stellte seiner Liebsten früher einen »Maien« – ein Birken- oder Tannenreisig – vor die Tür. In Süddeutschland kannte man auch den »Schandmaien«: Wer unbeliebt war, bekam dürre Äste oder Bäumchen vor die Tür gestellt – die Hexenbesen.

Im Herbst trägt das Maiglöckchen erbsengroße scharlachrote Beeren, die – wie übrigens auch alle anderen Teile der Pflanze – hochgiftig sind (Seite 163)! Wenn Sie kleine Kinder haben, sollten Sie deshalb auf Maiglöckchen im Garten besser verzichten. Und beim Pflanzen der Stauden im Frühherbst ist es ratsam, immer Handschuhe zu tragen.

Farn

Modepflanze Rhododenron

Welche Sträucher sind besonders beliebt? Natürlich solche, die jedes Jahr aufs neue in allen möglichen Farben blühen, dabei aber das ganze Jahr über grüne Blätter tragen. Dazu gehört auch der *Rhododendron (Rhododendron)*, der sich in den vergangenen Jahren zu einer wahren Modepflanze entwickelt hat.

Als Kübelpflanze gedeiht er nicht nur prächtig im Garten, sondern auch auf Terrasse und Balkon. Es gibt über 100 Rhododendronarten in allen möglichen Farbstellungen. Gemeinsam haben sie jedoch eines: Ihr Standort muß sorgfältig ausgewählt werden, denn sie brauchen sauren Boden und vertragen keine pralle Sonne.

Der alte Brauch, eine Maikönigin zu wählen, hat sich mancherorts erhalten, und in vielen Gemeinden ist es heute noch üblich, mit einem fröhlichen Abend am letzten Tag des April in den Mai hineinzutanzen.

Die schönsten Polsterstauden

Als Polsterstauden werden niedrig wachsende Stauden bezeichnet, die man gerne zur Bepflanzung von Steingärten oder Beeträndern einsetzt. Die meisten Polsterstauden sind anspruchslose Pflanzen, die auch mit nährstoffarmem Boden sehr gut zurechtkommen. Wie alle Stauden (Seite 55) werden sie im Herbst oder Frühjahr gepflanzt und sollten nach der Blüte zurückgeschnitten werden.

Polsterphlox

Pflanze	Botanischer Name	Blütenfarbe	Standort
Blaukissen	Aubrieta-Hybriden	blau, rosa, violett	Sonne
Elfenblume	Epimedium-Arten	weiß, gelb, rot	Halbschatten bis Schatten
Gänsekresse	Arabis-Arten	weiß, rosa	Sonne
Grasnelke	Armeria-Arten	weiß, rosa, rot	Sonne
Hornkraut	Cerastium tomentosum	weiß	Sonne bis Halbschatten
Immergrün	Vinca-Arten	weiß, violett	Halbschatten bis Schatten
Kriechmispel	Cotoneaster-Arten	weiß	Sonne bis Halbschatten
Nelken	Dianthus-Arten	weiß, rosa, rot	Sonne bis Halbschatten
Polsterphlox	Phlox subulata	weiß, rosa, rot, violett	Sonne
Schaumblüte	Tiarella-Arten	weiß, rosa	Halbschatten
Schleifenblume	Iberis-Arten	weiß	Sonne
Seifenkraut	Saponaria ocymoides	weiß, rosa	Sonne
Steinbrech	Saxifraga-Arten	rosa, rot, weiß	Sonne
Trugerdbeere	Duchesnea indica	gelb	Sonne bis Halbschatten
Ysander	Pachysandra terminalis	weiß	Halbschatten bis Schatten

Was im Mai zu tun ist

Allgemeines

- Unkraut jäten
- Frisch aufgegangene/gesetzte Pflanzen bei trockenem Wetter gießen
- Verblühtes regelmäßig entfernen

Ziergarten

- Gehölze pflanzen: Containerpflanzen immer; alle anderen bis zum Austrieb, danach erst wieder im Herbst (Seite 164)
- Frühlingsblühende Sträucher nach der Blüte auslichten (Seite 40)
- Kletterrosentriebe aufleiten (Seite 104)
- Kübelpflanzen ins Freie bringen
- Zweijährige Sommerblumen aussäen (Seite 96)
- Einjährige Sommerblumen pflanzen (Seite 60)
- Sommerblühende Zwiebel- und Knollengewächse pflanzen (Dahlienknollen, Jakobslilien, Seite 144)
- Ranunkeln und Gladiolen pflanzen
- Polsterstauden nach der Blüte teilen und verpflanzen (Seite 85)
- Sumpf- und Wasserstauden pflanzen
- Rasen zum erstenmal mähen, wenn keine Frühlingsblumen darin stehen (Seite 75)

Steingarten

86

Was im Mai zu tun ist

♦ Unter Glas aussäen (Seite 38): Paprika, Gurken, Kürbis, Auberginen, Stangenbohnen; Kräuter (Seite 88)
♦ Im Freien aussäen (Seite 112): Salat, Spinat, Mangold, Möhren, Rote Bete, Radieschen, Rettich, Schwarzwurzeln, Grünkohl, Brokkoli, Busch- und Stangenbohnen, Chicorée
♦ Nach den Eisheiligen ins Freie pflanzen: Tomaten, Paprika, Gurken, Kürbis, Auberginen, Zucchini, Knollensellerie, Kohl, Kohlrabi, Bohnen
♦ Ernten: die ersten Salate, Schnitt- und Pflücksalat, Spinat, erste Mairüben, Radieschen, Rettich, Kohlrabi, Rhabarber
♦ Auf Schnecken achten; ggf. absammeln, Schneckenzaun aufstellen (Seite 148)
♦ Schädlinge bekämpfen: Spinnmilben, Blattläuse, Dickmaulrüßler (Seite 145)

♦ Mulch, Kompost, Rinde auf Baumscheiben ausbringen (Seite 91)
♦ Erdbeeren mulchen (um Grauschimmel vorzubeugen, Seite 116)
♦ Obstgehölze wässern
♦ Kapuzinerkresse auf Baumscheiben säen (Futterpflanze; fängt die Läuse ab)
♦ Krankheiten beim Pfirsich (Grauschimmel, Schorf, Mehltau, Kräuselkrankheit) mit Kräuterjauche bekämpfen (Seite 69)
♦ Schädlinge mit Kräuterjauche bekämpfen: Kirschfruchtfliege, Stachelbeerblattwanze, Frostspanner, Ringelspinner, Knospenwickler (Seite 69)

♦ Kübelpflanzen ins Freie bringen (am besten an einem trüben, nicht kalten Tag)
♦ Mediterrane Pflanzen noch mit Frostschutz versehen (Seite 27)
♦ Nach den Eisheiligen: Balkonkästen bepflanzen (Seite 60, Seite 96 und Seite 134)
♦ Nach den Eisheiligen: Tomaten und Bohnen ins Freie pflanzen (Seite 55)
♦ Kräuter aussäen/pflanzen (Seite 88)

♦ Sommerblumen nachkaufen

Gemüsegarten

Obstgarten

Balkon

Sonstiges

Unentbehrlich: Kräuter

Für einen Meter Balkon rechnet man etwa fünf verschiedene Kräuter. Setzen Sie die gezogenen oder gekauften Pflanzen in magere, nicht gedüngte Erde.

Optimal am (sonnigen!) Fensterbrett in der Küche ist ein kleiner Kräutergarten – damit haben Sie die wichtigsten Gewürze stets parat. Es bleibt Ihnen überlassen, ob Sie die Gewürzkräuter als fertige Pflanzen im Gartencenter kaufen und dann – frisch eingetopft – in Ihrer Küche weiterwachsen lassen, oder ob Sie sie selbst aussäen wollen (Seite 39). In einem gut sortierten Kräuterbeet auf der Fensterbank sollten nicht fehlen:

Pflanze Botanischer Name	Aussaat/ Pflanzung	einjährig/ mehrjährig	Geschmack
Basilikum Ocimum basilicum	März – April	einjährig	pfefferähnlich, leicht süß
Bohnenkraut Satureja montana	März – April	mehrjährig	herb-würzig
Borretsch Borago officinalis	März – April	einjährig	leicht salzig, gurkenähnlich
Dill Anethum graveolens	April – Mai	einjährig	frisch-aromatisch, kümmelähnlich
Estragon Artemisia dracunculus	April/Aug. – Sept.	mehrjährig	bittersüß, würzig
Majoran Origanum majorana	Mai	mehrjährig	kräftig-würzig, stark aromatisch
Oregano Origanum vulgare	März	mehrjährig	leicht herb, aromatisch
Petersilie Petroselinum crispum	unter Glas im März	ein- bis zweijährig	würzig, leicht bitter
Pfefferminze Mentha x piperita	April – Mai	mehrjährig	aromatisch frisch
Rosmarin Rosmarinus officinalis	April – Mai	mehrjährig	stark aromatisch, herb-bitter
Schnittlauch Allium schoenoprasum	Febr. – März	mehrjährig	zwiebel- und lauchähnlich
Thymian Thymus vulgaris	April – Mai	mehrjährig	aromatisch-bitter
Zitronenmelisse Melissa officinalis	März – April	mehrjährig	zartwürzig, zitronenähnlich

Tut dem Boden gut: Gründüngung

Die Gründüngungspflanzen speichern Nährstoffe und verhindern damit eine Auswaschung der Nährstoffe ins Grundwasser. Darüber hinaus bleibt der Boden bedeckt und geschützt. Gründüngung läßt sich auf allen brachliegenden Beeten und Gartenflächen durchführen.

● Bei der Gründüngung säen Sie bestimmte Pflanzen aus, deren Wurzeln das Erdreich durchdringen und so für eine tiefgreifende und gründliche Durchlüftung des Bodens sorgen sowie den Wasserhaushalt regulieren.

● Gründüngungspflanzen säen Sie am besten im Frühjahr oder Herbst aus. Sobald die Pflanzen zu blühen beginnen, werden sie abgemäht, zerkleinert und in die Erde geharkt (im Herbst gesäte Gründüngungspflanzen lassen Sie über den Winter stehen). Man kann sie auch einfach ausreißen und als Mulch liegenlassen, während die Wurzeln im Boden bleiben, wo sie nach und nach verrotten.

Die nachfolgende Tabelle zeigt Ihnen, welche Pflanzen besonders gut für die Gründüngung geeignet sind.

Erich Kästner nannte den Mai den »Mozart des Kalenders«. Der Blütenmonat Mai hat unzählige Dichter inspiriert – von Shakespeare bis Schiller, von Heinrich Heine bis Heinrich Hoffmann von Fallersleben. Auch in vielen Volksliedern wird der Mai besungen – wie etwa in diesem bekannten Lied, in dem es heißt: »Komm, lieber Mai, und mache die Bäume wieder grün...«

Ringelblume

▶ **Wichtig:** Bitte beachten Sie, daß auf den Beeten, auf denen Kohlarten gepflanzt werden sollen, keine Gründüngungspflanzen aus der gleichen Pflanzenfamilie (= Kreuzblütler) verwendet werden, um dem Auftreten von typischen Kohlkrankheiten vorzubeugen.

89

Die besten Gründüngungspflanzen

Pflanze Botanischer Name	Aussaatzeit	Bodenbeschaffenheit	Eigenschaften
Bienenfreund Phacelia tanacetifolia	April bis September	leicht bis schwer	wertvoll für Bienen sehr pflegeleicht wächst schnell
Gelbsenf Sinapis alba	April bis Anfang September	mittelschwer	wächst schnell Kreuzblütler: nicht vor Kohl anpflanzen!
Hopfenklee Medicago lupulina	März bis Juni	mittelschwer bis schwer	winterhart
Inkarnatklee Trifolium incarnatum	Juli bis Anfang September	mittelschwer	tief wurzelnd winterhart
Lupine Lupinus luteus Lupinus angustifolius	April bis Anfang September	sandig bis lehmig	tief wurzelnd
Ölrettich Raphanus sativus	April bis September	mittelschwer	Kreuzblütler: nicht vor Kohl anpflanzen!
Ringelblume Calendula officinalis	April bis August	locker bis schwer	wichtige Heilpflanze
Winterwicke Vicia villosa	August bis September	leicht bis mittelschwer	winterhart

Dünger selbstgemacht: Kompost

Die einfachste Methode, organische Garten- und Küchenabfälle zu entsorgen, ist der Kompost. Selbst wenn Sie keinen großen Garten haben – einen Kompost sollten Sie auf jeden Fall anlegen. Alles in der Natur geschieht im Rahmen eines organischen Kreislaufs von Wachsen und Vergehen, den auch Sie sich als Gärtner zunutze machen können. Mit Kompost, der diesen Kreislauf schließt, geben Sie der Natur wieder etwas zurück, indem die verrottenden Pflanzenreste dem Boden neue Nährstoffe und Humus zuführen. Und so legen Sie einen Kompost an:

● Sie brauchen eine Vorrichtung, in der Sie alle organischen Garten- und Küchenabfälle sammeln und verrotten lassen können. Geeignete Behältnisse aus Holzlatten oder anderem Material bekommen Sie in jedem Gartencenter. Sie können sich Ihre Kompostbehälter aber auch ganz leicht selbst bauen. Wichtig ist lediglich, daß sie gut belüftet sind und abgedeckt werden können, wenn es längere Zeit regnet.

● Für einen Garten mittlerer Größe sollten Sie einen dreiteiligen Kompost planen: Im ersten Behälter sammeln Sie das Material, im zweiten kann es reifen und im dritten ist der reife Kompost, den Sie schon verwenden können.

● Etwa drei bis fünf Quadratmeter sollten Sie für die Fläche einplanen. Das gilt vor allem dann, wenn Sie den Kompost umsetzen und nicht schon als Rohkompost nach etwa drei bis vier Monaten verwenden wollen (insgesamt braucht der Kompost etwa ein Jahr, bis er sich in Erde »verwandelt« hat).

● Den/die Kompostbehälter stellen Sie am besten an einen Platz im Halbschatten: Zuviel Sonne trocknet den Kompost aus, zuviel Schatten läßt ihn faulen.

● Kompost braucht Erdkontakt, d.h., er wird direkt auf den Boden gesetzt. Nur so können alle Lebewesen, die zur Verrottung beitragen, ungehindert hinein und entstehende Sickerstoffe ablaufen.

Haben Sie keine Angst vor unangenehmen Gerüchen! Wenn nichts fault, riecht Ihr Kompost nach frischer Walderde.

Kompostanlage

Im Gartencenter bekommen Sie die »Zutaten« für einen Schnellkompost, mit denen Sie den Kompostiervorgang unterstützen können. Aber auch mit einem Kompoststarter kann man keinen »Turbo«-Kompost erwarten. Er unterstützt zwar die Verrottung, beschleunigt sie aber nicht wesentlich. Hin und wieder eine Schaufel Gartenerde zwischen die einzelnen Kompostlagen erfüllt denselben Zweck.

● Als Basismaterial, d.h. als unterste Lage, hat sich eine Schicht aus etwa zehn bis 20 Zentimeter dickem gröberem Holzschnitt bewährt, der für eine gute Bodenlüftung sorgt.

● Darauf geben Sie alle Rohstoffe, die sich kompostieren lassen. Je vielfältiger Sie alles mischen, desto wertvoller wird die spätere Komposterde sein. Achten Sie auch darauf, daß der Kompost immer genügend Feuchtigkeit enthält: Er sollte sich – so empfehlen Gartenexperten – wie ein »gut ausgedrückter Schwamm« anfühlen.

● Nach etwa drei bis vier Monaten haben Sie schon einen Roh- oder Frischkompost. Er ist bestens zum Mulchen (Seite 93) oder zur Herbstdüngung der Gemüsebeete geeignet. Wenn Sie Ihren Kompost länger reifen lassen wollen, können Sie das natürlich tun: Etwa ein Jahr jedoch braucht er in jedem Fall, um reif zu werden, und ist dann feinkrümelig und dunkel wie frische Erde. Reifen Kompost sieben Sie am besten einmal durch und setzen ihn dann zur Bodenverbesserung ein, indem Sie ihn leicht mit einem Rechen in die oberste Erdschicht einarbeiten. Auf diese Weise können Sie sich in den meisten Fällen zusätzlichen Dünger sparen.

Was gehört auf den Kompost?

Auf einen »gesunden« Kompost gehören:

● Pflanzenreste und Unkraut, das möglichst noch keine Samen gebildet hat

● Laub (keine »Berge«, sondern dünne Lagen)

● Grasschnitt (nicht alles auf einmal, sondern dünne Schichten)

● zerkleinerte Holzreste aus unbehandeltem Holz

● Zimmerpflanzen- und Balkonerde

● verblühte Schnittblumen

● Mist von Kleintieren

● Haustierstreu

● Abfälle aus der Küche: Gemüse- und Obstreste, unbedruckte Küchentücher, Zellstoff, Eierschalen, Kaffeefilter, Teesatz, kleine Mengen (unbehandelte!) Zitrusfruchtschalen

Was gehört nicht auf den Kompost?

Keinesfalls auf den Kompost gehören:

- Steine oder Bauschutt
- Metalle (Dosen)
- Plastik und Kunststoff
- Glas
- Fleischreste (die verrotten zwar auch, ziehen jedoch Ungeziefer und Ratten oder streunende Haustiere an)
- Knochen und Fischgräten
- farbig bedrucktes Papier
- Zeitungen
- Kartonagen
- behandelte Zitrusfruchtschalen
- Obst- und Gemüsereste, die mit Konservierungsmitteln behandelt wurden
- Öl- oder Farbreste
- volle Staubsaugerbeutel
- Pflanzenschutzmittel

Was ist Mulchen?

Unter Mulchen versteht der Gärtner das Abdecken des Bodens mit organischem Material – also mit Blättern, Grasschnitt oder gehäckselten Ästen und Zweigen. Eine Mulchschicht schützt den Boden, sorgt für ein gutes Mikroklima und läßt die Erde nicht so schnell austrocknen. Mulch auf den Beeten sorgt auch dafür, daß das Unkraut nicht so schnell wächst. Sie sparen sich also lästiges Jäten. Da die Mulchschicht sich nach und nach zersetzt, werden außerdem wertvolle organische Stoffe aus den verrotteten Pflanzen wieder in den Boden zurückgeführt.

▶ **Wichtig:** Mulchschichten dürfen nicht zu dick aufgetragen werden, sonst kann der Boden nicht mehr »atmen« und die Pflanzen würden faulen.

93

Schonung des Bodens: Fruchtwechsel

Schon im 16. Jahrhundert entstand die Dreifelder-wirtschaft. Dabei wechselten die Bauern in einem drei-jährigen Turnus Wintergetreide, Sommergetreide und Brache miteinander ab. Statt Brache – also dem völligen Verzicht, etwas anzubauen – kam Anfang des 19. Jahrhunderts der Anbau von Futterpflanzen hinzu. Diese Regeln gelten im großen und ganzen auch heute noch.

Oft können die Pflanzen aus unseren Böden nicht ausreichend Nährstoffe aufnehmen. Mit dem ständigen Wechsel der ange-bauten Gemüsearten können Sie Ihrem Gartenboden jedoch Erholung gönnen und ihm Zeit geben, sich zu regenerieren. Unter Umständen erspart Ihnen dies sogar die Extradüngung! Wir kennen unterschiedliche Anbauverfahren:
● Monokultur: Jährlich wird dieselbe Pflanze angebaut.
● Kultur mit wechselnder Fruchtfolge: Jährlich folgen Pflanzen aus verschiedenen Familien aufeinander (Seite 114).
● Mischkultur: Gleichzeitig werden mehrere Pflanzenarten in einem Beet angebaut (Seite 57).
Durch sorgfältige Planung können Sie optimale Ergebnisse auf Ihrem Gemüsebeet erzielen. Am besten zeichnen Sie sich auf (vielleicht in Ihr Gartentagebuch), welche Beete Sie für Gemüse vorsehen wollen und welches Gemüse Sie anbauen möchten.

So gedeihen Ihre Balkonpflanzen

Bevor Sie zur nächsten Gärtnerei gehen und mit einer Riesen-auswahl an Balkonpflanzen zurückkommen, sollten Sie erst einmal feststellen, in welcher Himmelsrichtung Ihr Balkon (oder Ihre Terrasse) liegt:
● Der Südbalkon bekommt die meiste Sonne und bietet des-halb die größte Pflanzenauswahl. Einziger Nachteil: Im Sommer kann es zu Hitzestaus kommen.
● Der Nordbalkon hat dagegen kaum Sonne. Sie können daher nur unter wenigen Pflanzen auswählen. Vorteil: Sie müssen nicht so viel gießen!
● Der Ostbalkon hat morgens Sonne. Er heizt sich also nicht so kräftig auf, hat aber ebenfalls so viel Sonnenlicht, daß Sie unter vielen Pflanzen auswählen können.
● Der Westbalkon hat von mittags bis abends Sonne. Sie kön-nen also ebenfalls unter vielen Pflanzen auswählen, müssen aber wegen der größeren Hitzeeinstrahlung mehr bewässern.

Goldlack

Damit Ihre Balkonpflanzen gut gedeihen
können, brauchen Sie:

● Kübel/Balkonkästen: Es bleibt Ihrem
Geschmack (und Ihrem Geldbeutel!)
überlassen, ob Sie lieber Kübel und Balkonkästen aus Holz, Terrakotta oder Kunststoff
wählen. Gegen Kunststoff ist nichts einzuwenden, wenn
Sie darauf achten, daß es stabile Kästen sind, die nicht
bei der kleinsten Belastung reißen. In jedem Gefäß – ganz
gleich, aus welchem Material – müssen Sie auf Abzugslöcher
achten. In Kunststoffbehältern sind meist Löcher vorgestanzt,
die man mit einem Schraubenzieher ohne weiteres herausstoßen
kann.

Nelke

● Erde: Wichtig für Ihren Balkongarten ist gute Erde, die es
mittlerweile in jedem Gartencenter speziell für Balkonbe-
pflanzungen gibt. Wer neben dem Balkon einen eigenen Garten
hat, kann sich seine Erde selbst aus Gartenerde, Sand und
Kompost mischen (Gewichtsverhältnis 4:1:1).

● Je nach Gegebenheit (und Geschmack) können Sie von der
Begonie über das Fleißige Lieschen, die Fuchsie, Kapuzinerkresse, Dahlie, Tagetes bis zur Zwergmargerite unter vielen möglichen Balkonpflanzen wählen, wie die Tabellen auf Seite 61,
Seite 96 und Seite 135 zeigen. Sie müssen nur darauf achten,
daß Ihre Blumen den richtigen Standort bekommen und vor
allem in den kommenden heißen Wochen mit ausreichend
Wasser versorgt werden.

*Wenn Sie zum erstenmal
selbst aussäen wollen,
wählen Sie am besten
möglichst unproblematische
Arten wie etwa Ringel-
blume, Kapuzinerkresse
oder Sonnenblume.*

▶ **Tip:** Die Auswahl an Balkonpflanzen beim Gärtner oder
im Gartencenter ist riesig. Lassen Sie sich jedoch nicht ver-
leiten, im Supermarkt billige Pflanzen mitzunehmen: Oft
werden Sie damit eine Enttäuschung erleben! Geben Sie lieber etwas mehr Geld aus und kaufen Sie gesunde und so weit
entwickelte Pflanzen, daß Sie später keine Probleme damit
bekommen.

Die schönsten Balkonpflanzen

Pflanze	Botanischer Name	Blütenfarbe
Begonie	Begonia	viele
Blaues Gänseblümchen	Brachycome multiflora	blau, violett, rosa
Blaue Mauritius	Convolvulus sabatius	blau
Buntnessel	Coleus-Blumei-Hybriden	buntgefleckt
Duftsteinrich	Lobularia maritima	violett, weiß, rosa
Eisenkraut	Verbena	rot, blau, weiß
Elfenspiegel	Nemesia	verschiedene
Elfensporn	Diascia barberae, Diascia rigens	rosa
Fächerblume	Scaevola aemula	violett-blau
Fetthenne	Sedum spectabile	rosarot
Fleißiges Lieschen	Impatiens walleriana	violett, rötlich, weiß
Fuchsie	Fuchsia-Hybriden	viele
Gelbes Gänseblümchen	Thymophylla tenuiloba	goldgelb
Geranie	Pelargonium-Hybriden	viele
Goldmarie	Bidens aurea	gelb
Goldtaler	Asteriscus maritimus	goldgelb
Hornklee	Lotus maculatus	rot, gelb
Husarenkopf	Sanvitalia procumbens	gelb
Japanischer Enzian	Gentiana scabra	rosa, weiß
Kap-Aster	Felicia amelloides	blau
Kapkörbchen	Osteospermum eclomis	rötlich, weiß
Kapuzinerkresse	Tropaeolum majus	gelb, orange
Kaskadenblume	Centradenia-Hybride	pink
Köcherblümchen	Cuphea ignea	rot
Leberbalsam	Ageratum houstonianum	blau, weiß
Männertreu	Lobelia erinus	blau, weiß
Melampodie	Melampodium paludosum	gelb
Mignon-Dahlie	Dahlia-Hybriden	viele
Mittagsgold	Gazania-Hybriden	gelb, rot, braun
Nelke	Dianthus caryophyllus	weiß bis rot
Pantoffelblume	Calceolaria integrifolia	gelb, orange
Petunie	Petunia-Hybriden	viele
Portulak-Röschen	Portulaca grandiflora	viele
Schneeflocke	Sutera diffusus	weiß
Silberblatt	Senecio bicolor	grau
Strohblume	Helichrysum	goldgelb
Studentenblume	Tagetes tenuifolia	gelb, orange
Vanilleblume	Heliotropium arborescens	violett
Wandelröschen	Lantana-Hybriden	gelb-rot, weiß
Weihrauchpflanze	Plectranthus coleoides	grünweiß
Ziersalbei	Salvia splendens	rot, blau
Zwergmargerite	Chrysanthemum multicaule	weiß, gelb

Standort	ein- oder mehrjährig	Größe; Aussehen
Halbschatten	mehrjährig	viele Sorten; auch hängend
Sonne	einjährig	bis 30 cm; buschig-hängend
Sonne	einjährig	bis 25 cm; kriechend-hängend
Halbschatten	einjährig	bis 40 cm; stehend
Sonne bis Halbschatten	einjährig	bis 25 cm; deckend
Sonne	einjährig	bis 50 cm; aufrecht, hängend
Sonne, regengeschützt	mehrjährig	bis 50 cm; hängend
Sonne	einjährig	bis 30 cm; hängend (gute Ampelpflanze)
Sonne	mehrjährig	bis 80 cm; hängend (gute Ampelpflanze)
Halbschatten bis Schatten	mehrjährig	bis 40 cm; aufrecht
Halbschatten bis Schatten	einjährig	bis 40 cm; aufrecht
Halbschatten bis Schatten	mehrjährig	leicht zu überwintern; stehend und hängend
Sonne	mehrjährig	bis 20 cm; buschig-hängend
Sonne, windempfindlich	mehrjährig	stehend und hängend
Sonne	einjährig	bis 30 cm; buschig überhängend
Sonne	mehrjährig	bis 30 cm; buschig überhängend
Sonne bis Halbschatten	mehrjährig	bis 50 cm; hängend
Sonne bis Halbschatten	einjährig	bis 25 cm; hängend
Sonne bis Halbschatten	mehrjährig	15 cm; Polster
Sonne bis Halbschatten	einjährig	bis 40 cm; stehend
Sonne	einjährig	bis 40 cm; stehend
Sonne bis Halbschatten	einjährig	bis 40 cm; hängend
Sonne bis Halbschatten	mehrjährig	bis 40 cm; buschig-hängend
Sonne bis Halbschatten	einjährig	bis 30 cm; buschig
Sonne	einjährig	bis 30 cm; stehend
Sonne bis Halbschatten	einjährig	bis 25 cm; Polster
Sonne	einjährig	bis 25 cm; buschig
Sonne bis Halbschatten	mehrjährig	bis 50 cm; stehend
Sonne	mehrjährig	bis 30 cm; flächig
Sonne bis Halbschatten	einjährig	bis 40 cm; stehend, hängend
Sonne bis Schatten	einjährig	bis 30 cm; stehend
Sonne	mehrjährig	hängend, stehend; auch Hochstamm
Sonne	einjährig	bis 20 cm; flächig
Sonne bis Halbschatten	einjährig	bis 50 cm; flächig-überhängend
Sonne bis Halbschatten	einjährig	bis 40 cm; stehend
Sonne	einjährig	bis 50 cm; stehend
Sonne bis Halbschatten	einjährig	bis 40 cm; stehend
Sonne	mehrjährig	bis 50 cm; stehend; Halbstrauch
Sonne	mehrjährig	bis 50 cm; auch als Hochstamm im Kübel
Sonne bis Halbschatten	mehrjährig	bis 150 cm; hängend
Sonne	einjährig	bis 30 bzw. 60 cm; stehend
Sonne	einjährig	bis 30 cm; flächig

Juni
der
Brachmond

Die römische Göttin Juno als Schutzherrin für Ehe und Familie stand Pate für den Juni. Deshalb ist dieser Monat in manchen Ländern heute noch die traditionelle Zeit für Eheschließungen. Eines ihrer Symbole war die dreilappige Lilie – Symbol der Jungfrauengeburt, das die christliche Kirche später für die Jungfrau Maria übernahm.

Am 24. Juni, dem Johannistag, wird die Sommersonnenwende gefeiert – ebenfalls ein Überbleibsel aus heidnischer Zeit. »Litha« oder »Grian-Stad« nannten die Hexen dieses Fest nach dem uralten keltischen Mondkalender. In der Johannisnacht werden Sonnwendfeuer entzündet. Sie sollten die Segenskraft der Sonne noch mehr steigern.

*Zwillinge
vom 21. Mai
bis zum 21. Juni*

Das finden Sie im Juni

Junikalender

1.	Fortunat, Justin, Simeon	
2.	Armin, Eugen, Erasmus, Petrus	
3.	Hilburg, Karl, Klothilde	
4.	Christa, Eva, Quirin	
5.	Bonifatius	
6.	Falko, Kevin, Norbert von Xanten	
7.	Dietger, Robert	
8.	Engelbert, Ilga (Helga), Medard	
9.	Ephraim, Felizian, Gratia	
10.	Diana, Eustachius, Heinrich, Oliver, Margarete von Schottland	
11.	Barnabas, Rimbert	
12.	Leo III., Odulf	
13.	Antonius von Padua, Bernhard	
14.	Gottschalk, Meinrad	
15.	Gebhard, Klara, Landelin, Lothar, Vitus (Veit)	
16.	Benno, Quirin, Luitgard	
17.	Adolf, Euphemia	Schwendtag
18.	Elisabeth	
19.	Andreas, Deodat, Gervasius	
20.	Adalbert, Florentina, Silar, Meinrich	
21.	Alban, Aloisius, Radulf	
22.	Albin, Christine, Eberhard, Sighild, Rotrud	
23.	Basilius, Edeltraut	
24.	Erembert, Johannes der Täufer, Theowulf	
25.	Dorothea, Eleonore, Wilhelm	
26.	Jeremias, Johannes, Paulus, Vigilius	
27.	Ariald, Cyrill von Alexandrien, Daniel, Eppo, Maximus	
28.	Ekkehard, Diethild	
29.	Beata, Gero, Judith, Peter und Paul, Salome	
30.	Donatus, Ernst, Otto von Bamberg, Theobald	Schwendtag

Wurzeltag = ♉ ♍ ♑   Blattag = ♓ ♋ ♏   Blütentag = ♒ ♊ ♎   Fruchttag = ♈ ♌ ♐

	2001	2002	2003	2004	2005	2006	2007
1.	Fr) ♎	Sa (♒	So) ♊	Di) ♏	Mi (♈	Do) ♌	Fr ○ ♐
2.	Sa) ♎	So (♓	Mo) ♋	Mi) ♐	Do (♈	Fr) ♌	Sa (♐
3.	So) ♏	Mo (♓	Di) ♋	Do ○ ♐	Fr (♉	Sa) ♍	So (♑
4.	Mo) ♏	Di (♉	Mi) ♌	Fr (♑	Sa (♉	So) ♍	Mo (♑
5.	Di) ♐	Mi (♈	Do) ♌	Sa (♑	So (♉	Mo) ♎	Di (♒
6.	Mi ○ ♐	Do (♈	Fr) ♌	So (♒	Mo ● ♊	Di) ♎	Mi (♒
7.	Do (♑	Fr (♉	Sa) ♍	Mo (♒	Di) ♊	Mi) ♎	Do (♓
8.	Fr (♑	Sa (♉	So) ♍	Di (♓	Mi) ♋	Do) ♏	Fr (♓
9.	Sa (♑	So (♉	Mo) ♎	Mi (♓	Do) ♋	Fr) ♏	Sa (♈
10.	So (♒	Mo (♊	Di) ♎	Do (♓	Fr) ♋	Sa) ♐	So (♈
11.	Mo (♒	Di ● ♊	Mi) ♏	Fr (♈	Sa) ♌	So ○ ♐	Mo (♈
12.	Di (♓	Mi) ♋	Do) ♏	Sa (♈	So) ♌	Mo (♐	Di (♉
13.	Mi (♓	Do) ♋	Fr) ♐	So (♉	Mo) ♍	Di (♑	Mi (♉
14.	Do (♓	Fr) ♌	Sa ○ ♐	Mo (♉	Di) ♍	Mi (♑	Do (♊
15.	Fr (♈	Sa) ♌	So (♑	Di (♉	Mi) ♍	Do (♒	Fr ● ♊
16.	Sa (♈	So) ♍	Mo (♑	Mi (♊	Do) ♎	Fr (♒	Sa) ♋
17.	So (♉	Mo) ♍	Di (♒	Do ● ♊	Fr) ♎	Sa (♓	So) ♋
18.	Mo (♉	Di) ♎	Mi (♒	Fr) ♋	Sa) ♏	So (♓	Mo) ♌
19.	Di (♊	Mi) ♎	Do (♓	Sa) ♋	So) ♏	Mo (♈	Di) ♌
20.	Mi (♊	Do) ♏	Fr (♓	So) ♋	Mo) ♐	Di (♉	Mi) ♍
21.	Do ● ♊	Fr) ♏	Sa (♈	Mo) ♌	Di) ♐	Mi (♉	Do) ♍
22.	Fr) ♋	Sa) ♏	So (♈	Di) ♌	Mi ○ ♑	Do (♉	Fr) ♍
23.	Sa) ♋	So) ♐	Mo (♈	Mi) ♍	Do (♑	Fr (♊	Sa) ♎
24.	So) ♌	Mo ○ ♐	Di (♉	Do) ♍	Fr (♒	Sa (♊	So) ♎
25.	Mo) ♌	Di (♑	Mi (♉	Fr) ♍	Sa (♒	So ● ♋	Mo) ♏
26.	Di) ♍	Mi (♑	Do (♉	Sa) ♎	So (♓	Mo) ♋	Di) ♏
27.	Mi) ♍	Do (♒	Fr (♊	So) ♎	Mo (♓	Di) ♋	Mi) ♏
28.	Do) ♎	Fr (♒	Sa (♊	Mo) ♏	Di (♈	Mi) ♌	Do) ♐
29.	Fr) ♎	Sa (♓	So ● ♋	Di) ♏	Mi (♈	Do) ♌	Fr) ♐
30.	Sa) ♏	So (♓	Mo) ♋	Mi) ♐	Do (♈	Fr) ♍	Sa ○ ♑

Wetter- und Bauernregeln

Der Juni ist – meteorologisch gesehen – der Hauptmonat des Frühsommers. Jetzt ist die Zeit der intensivsten Sonneneinstrahlung: Die Tage sind am längsten, der Sonnenwinkel ist am größten, und am 21. Juni, der Sommersonnenwende, erreicht die Sonne ihren höchsten Stand. Auch wenn es kaum zu merken ist: Von jetzt an werden die Tage schon wieder kürzer. Die Luftdruckverhältnisse über Mitteleuropa ändern sich ganz entscheidend: Über dem schon erwärmten asiatischen Festland fällt der Luftdruck, über dem Azorenraum steigt er. Sicher haben unsere Ahnen dies nicht so wissenschaftlich erklären können, aber ihre Wetterbeobachtungen haben ihnen dasselbe gesagt: »Wenn Sankt Anton (13.) gut' Wetter lacht, Sankt Peter (29.) viel in Wasser macht.« Die Schafskälte Anfang Juni kann nochmals einen Wetterrückschlag bringen, bei dem es kalt und regnerisch werden kann; mit Sicherheit aber gibt es jetzt keinen Frost mehr! Allgemein als Lostag (Seite 18) bekannt ist der Siebenschläfertag: Wie das Wetter am 27. Juni ist, so soll es sieben Wochen lang bleiben.

● Weitere Bauernregeln für den Juni: Schönes Wetter auf Fortunat (1.) ein gutes Jahr zu bedeuten hat. Auf den Juni kommt es an, ob die Ernte soll bestan. Juni feucht und warm, macht keinen Bauern arm. Was Sankt Medard (8.) für Wetter hält, solch Wetter auch in die Ernte fällt. Hat Margaret' (10.) kein' Sonnenschein, kommt das Heu nie trocken ein. Wenn Sankt Barnabas (11.) bringt Regen, so gibt es viel Traubensegen. Nach Sankt Veit (15.) wendet sich die Zeit, alles geht auf die andere Seit'. Wer auf Sankt Benno (16.) baut, kriegt viel Flachs und Kraut. Wenn's regnet auf Gervasius (19.), es 40 Tage regnen muß. Vor dem Johannestag (24.) man keine Gerste loben mag. Tritt auf Johannis (24.) Regen ein, so mag der Nachwuchs nicht gedeih'n. Regnet's am Siebenschläfertag (27.), so regnet's noch sieben Wochen danach. Regnet's an Peter und Paul (29.), wird des Winzers Ernte faul.

Für die Bauern war der Juni der Brachmond: Die Saat war ausgebracht, alles war gepflanzt – jetzt mußte der Herrgott das Seine für eine gute Ernte tun.

Volksglaube

Die Sonnwendfeuer am 24. Juni sollten Hexen und böse Geister vertreiben. Um das große Feuer herum wurden allerlei Spiele und Orakel aufgeführt. Wer das Feuer übersprang, hatte sich von Sünden gereinigt und war im kommenden Jahr vor Krankheit gefeit. Schwangeren, hieß es, brachte das Feuer Erleichterung bei der bevorstehenden Geburt. Vor allem junge Leute nahmen an der Sonnwendfeier teil, denn wer gemeinsam über das Feuer sprang und die Hände dabei nicht losließ, war einander zur Ehe bestimmt. Auch die Asche behielt noch lange ihre magische Kraft. Deshalb wurde sie aufbewahrt oder unter der Türschwelle vergraben.

Mädchen und junge Frauen legten sich früher am Johannistag nackt in Farnbüsche, damit sie mit dem heilbringenden Johannissamen in Berührung kamen. Blieb er beim Aufstehen an ihnen haften, deutete das auf eine baldige Hochzeit hin.

Holz, das schnell verbaut werden soll – wenn es etwa ein Feuer gab und Haus oder Scheune schnell wieder aufgebaut werden muß –, darf später auf keinen Fall reißen. Deshalb schlägt man es am 24. Juni zwischen 11 und 12 Uhr mittags (Sommerzeit: eine Stunde später). Früher war dies eine ganz besondere Zeit: Die Holzfäller gingen in Scharen in den Wald und sägten in dieser einen Stunde, was nur ging. Dieses Holz verbaute man dann in Dachstühlen.

Der Siebenschläfertag am 27. Juni geht auf eine alte Legende zurück: Sieben Brüder versteckten sich einst auf ihrer Flucht in einer Höhle und schliefen dort ein. Die Höhle wurde zugemauert, und als ein Bauer sie 200 Jahre später öffnete, erwachten die sieben Brüder frisch und munter. Übrigens: Bienen waren einst Schicksalspropheten. Schwärmten sie am Himmelfahrtstag, so verhießen sie Glück; schwärmten sie nah am Haus, kündeten sie eine Feuersbrunst an; und hielten sie sich an einem dürren Ast im Garten auf, so stand ein Todesfall in der Familie bevor.

Sonnwend- und Johannisfeuer sollen einen Acker neun Jahre lang schützen – so glaubte man früher.

103

Pflanze des Monats: Die Rose

Viele unserer schönsten Pflanzen sind Zuchterfolge: Mit viel Geduld kreuzt der Züchter bestimmte Sorten, wobei er besonders auf bessere Widerstandskraft, besseren Geschmack, schöneres Aussehen und größere Vielfalt achtet. Hybriden nennt man das Ergebnis einer speziellen Züchtungsmethode, die besonders wertvolle Sorten hervorbringt. Hybriden können Sie anhand ihres Namens leicht erkennen: Neben ihrem botanischen Namen werden sie mit einem x gekennzeichnet.

Nicht nur ihr Aussehen ist aristokratisch, sondern auch ihre Ansprüche an Boden und ständige Pflege. Dennoch: Ein Rosenbeet, über und über voll mit herrlich duftenden Blüten, ist der Wunschtraum vieler Hobbygärtner. Mittlerweile gibt es unendlich viele Sorten und Farben, und jedes Jahr kommen neue hinzu. Manche Rosen – vor allem die alten Sorten, von denen es einige schon seit mehreren hundert Jahren gibt – duften geradezu betäubend. Neuere Züchtungen dagegen haben oft ihren Duft verloren, blühen dafür aber besonders reich und haben eine spezielle Färbung oder eine besondere Blütenform. Wenn Sie die Königin der Blumen auch in Ihren Garten oder auf dem Balkon haben möchten – bei kaum einer anderen Pflanze können Sie unter so vielen verschiedenen Möglichkeiten wählen wie bei der Rose. Mögen Sie lieber Kletterrosen oder bevorzugen Sie die buschigen Strauchrosen? Auch Busch- oder Wildrosen oder die historischen Rosen sehen wunderhübsch aus.

Kletterrosen

Kletterrosen, von denen es einmal und mehrmals blühende Sorten gibt, brauchen relativ viel Platz, damit sie sich richtig entfalten und reich blühen können.

Kletterrose

- Von Pflanze zu Pflanze sollten Sie wenigstens drei Meter Abstand einplanen.
- Starkwüchsige Kletterrosen benötigen zudem leicht 15 Quadratmeter Kletterfläche; andere sind schon mit eineinhalb bis sieben Quadratmetern zufrieden.
- Kletterrosen werden nicht zurückgeschnitten, sondern lediglich im Frühjahr (vor der Blüte!) ausgedünnt (Seite 40).

Strauchrosen

Strauchrosen sehen sehr hübsch in Blütenhecken aus, und viele
Sorten duften besonders schön.

- Strauchrosen können einzeln oder in Gruppen
angepflanzt werden.
- Bei Strauchrosen schneidet man Verblühtes nicht
ab, denn die Früchte der Rosen, die Hagebutten,
sind wertvolle Vitaminspender (meist als Tee
oder Marmelade).
- Strauchrosen werden ebenfalls nicht zurückgeschnitten, sondern lediglich im Frühjahr vor der Blüte ausgedünnt (Seite 40).
- Öfter blühende Strauchrosen beginnen im Juni
mit der ersten Blüte, bis in den Herbst hinein folgen
dann weitere – allerdings weniger reichliche – Nach-
blüten.

Strauchrose

▶ **Bitte beachten Sie:** Rosen werden im Frühjahr (März/April)
und im Herbst gepflanzt (Seite 189).

Wildrosen

Wildrosen sind bestens für den Garten geeignet (Abbildung auch Seite 98). Sie stellen nicht so viele Ansprüche
wie die gezüchteten Sorten und sind zudem
viel widerstandsfähiger und robuster als diese.
Ihre eher kleinen Blüten sind einfach, also
nicht gefüllt. Wildrosen passen bestens in eine
Wildhecke, ihre Hagebuttenfrüchte dienen den
Vögeln im Winter als willkommene Nahrung.
Wenn Ihre Wildrosen zu stark wuchern, können Sie
sie problemlos im zeitigen Frühjahr (Februar bis
März) stark zurückschneiden (Seite 40).

Wildrose

Buschrosen

Wenn Sie Rosen im Kübel pflanzen, sollten Sie pro Trieb ein Pflanzgefäß mit einem Durchmesser von mindestens 50 Zentimetern wählen und die Erde jährlich einmal erneuern. So verhindern Sie, daß die Blätter sich infolge ungenügender Ernährung gelb färben und die Blüten weniger werden.

Die Buschrosen teilt man in verschiedene Klassen ein:

● Bodendecker: Bodendecker sieht man oft in Parks und städtischen Gartenanlagen. Sie sind optimal, wenn man größere Flächen mit Rosen begrünen möchte.

● Floribunda-Rosen und Polyantha-Hybriden: Ihr Kennzeichen sind die oft in dichten Büscheln stehenden Blüten. Auch hier verwendet man niedrige Sorten zur Flächenbegrünung.

● Zwergrosen: Sie sind kleinwüchsig (etwa 30 Zentimeter hoch) und bilden nur kleine Blüten aus. Man nennt sie auch *Miniaturrosen*, *Kußrosen* oder *Zwergbengalrosen*. Wegen ihrer geringen Größe lassen sie sich gut im Balkonkasten halten.

● Edelrosen: Durch ihre großen, besonders schönen Blüten und ihren herrlichen Duft gilt die Edelrose als die »Königin« der Rosen.

● Teehybriden: Teehybriden wachsen stets buschig und aufrecht, die Blüten stehen einzeln, oder aber einige wenige an einem Stiel. Sie sind meist groß und haben gut gefüllte Blüten. Die berühmteste Teehybride ist die *Gloria Dei-Rose*.

Buschrosen kommen im Gartenbeet besonders gut zur Geltung:

● Man pflanzt sie am besten in Gruppen an. Niedrige Sorten setzt man enger, hohe Sorten weiter auseinander. Als Faustregel gilt: Bei einer Größe von etwa 60 Zentimetern braucht die Rose etwa 40 Zentimeter Abstand zur nächsten Pflanze. Sechs bis sieben Pflanzen pro Quadratmeter sind ausreichend.

● Im Frühjahr werden die Rosen, je nach Stärke des Triebes, auf drei bis sechs Augen zurückgeschnitten (Seite 40).

● Während der Sommermonate sollten Sie die verwelkten Blüten grundsätzlich immer abschneiden.

Buschrose

Historische Rosen

Die Rose ist eine uralte Kulturpflanze. Von den vielen hundert Sorten, die man noch um 1900 kannte, sind nur noch wenige übrig, doch kommen sie heute wieder in Mode. Wenn Sie historische Rosen (»alte Rosen«) in Ihrem Garten haben wollen, kann Ihnen der Fachmann weiterhelfen. Sie können sich historische Rosen aber auch schicken lassen.

Wer seine Rosen nicht alleine im Beet stehen lassen will, kann andere Pflanzen dazu setzen. Gut machen sich Gräser im Rosenbeet, aber auch Lavendel – der außerdem noch die Blattläuse verjagt –, Rittersporn und Lilien. Wichtig ist, beim Zusammenstellen der Pflanzen auf die Farbkombinationen zu achten.

Historische Rose

Vorsicht beim Rosenkauf!

Gerade Rosen sollten Sie nicht im Baumarkt um die Ecke einkaufen, selbst wenn sie dort preiswerter sind als beim Fachmann. Oft haben die Pflanzen eine lange Reise hinter sich und/oder wurden nicht ausreichend versorgt – und Sie haben im Garten dann ganz gewiß keine Freude daran.

Beim Gärtner dagegen mögen die Rosen ein wenig mehr kosten, aber diese Preisdifferenz lohnt sich gewiß, und zudem werden Sie bestens beraten. Der Fachmann kann Ihnen nämlich genau sagen, welche Rosensorte für Ihren Garten, Ihre Terrasse oder Ihren Balkon am besten geeignet ist. Er weiß auch Bescheid, welche Sorte sich an welchem Standort am wohlsten fühlt.

107

Was im Juni zu tun ist

Allgemeines

♦ Unkraut jäten
♦ Bei trockenem Wetter immer gießen
♦ Offene Bodenflächen leicht auflockern

Ziergarten

♦ Verblühtes entfernen
♦ Zweijährige Frühlingsblüher (z.B. Gänseblümchen, Goldlack, Stief-
  mütterchen, Malve, Tausendschönchen, Bartnelken) aussäen (Seite 39)
♦ Stauden, die im nächsten Frühling oder Sommer blühen sollen, an-
  pflanzen (Seite 55)
♦ Im Gartenteich Sumpf- und Wasserstauden anpflanzen
♦ Von Polsterpflanzen Frühsommerstecklinge schneiden (Seite 119)
♦ Stecklinge von Stauden schneiden (Seite 119)
♦ Vergilbtes Laub von Zwiebel- und Knollenpflanzen entfernen
♦ Rasen mit Zwiebelblumen erst mähen, wenn die Zwiebelpflanzen voll-
  ständig eingezogen sind
♦ Rasen neu anlegen (Seite 74)
♦ Rasen ausbessern (Seite 77)
♦ Gehölze auslichten (Seite 40)
♦ Hochwachsende Stauden aufbinden
♦ Wenn die Jungvögel flügge sind: Hecken schneiden (Seite 110)

Gemüsegarten

♦ Grünkohl für die Winterernte aussäen (Seite 112)
♦ Blumenkohl für die Herbsternte aussäen (Seite 112)
♦ Zuckerhut aussäen (Seite 112)
♦ Jungpflanzen mit einer Mulchschicht umgeben (Seite 93)
♦ Im Freien aussäen (Seite 112): Salat, Spinat, Mangold, Möhren, Rote
  Bete, Radieschen, Rettich, Rüben, Fenchel, Grünkohl, Blumenkohl,
  Kohlrabi, Bohnen, Radicchio
♦ Im Freien pflanzen: Knollensellerie, Knollenfenchel, Kohl, Kohlrabi,
  Tomaten, Paprika, Gurken, Kürbis, Zucchini, Auberginen
♦ Schädlinge bekämpfen: Blattläuse, Blutläuse, Dickmaulrüßler (Seite 145)
♦ Auf Schnecken achten; ggf. absammeln und Schneckenzaun aufstellen
  (Seite 148)

Was im Juni zu tun ist

Obstgarten

- Mitte Juni Monatserdbeeren aussäen (Seite 116)
- Bodentriebe von Beerenobst auf dem Boden verankern
- An Obstbäumen Fruchtbehang ausdünnen
- An Stein- und Kernobst Raupengespinste entfernen
- Schorf und Mehltau bekämpfen (Seite 69)
- Kirschfruchtfliege bekämpfen (Seite 145)
- Früchte vor Vogelfraß schützen (Netze, Vogelscheuche)
- Süßkirschen, Erdbeeren, erstes Strauchbeerenobst ernten

Balkon

- Bis Ende Juni: Gehölze in Kübeln düngen
- Erster Heckenschnitt an der Terrasse (Seite 110)
- Frisch gepflanzte Gehölze viel wässern
- Abgeblühte Stauden zurückschneiden und düngen (Seite 55)
- Auf Schnecken (Terrasse!) und Blattläuse achten und ggf. bekämpfen (Seite 148)
- Triebe von Blumenzwiebeln nach dem Absterben vollständig abschneiden
- Zweijährige Frühlingsblüher (z.B. Gänseblümchen, Goldlack, Stiefmütterchen, Malve, Tausendschönchen, Bartnelken) aussäen (Seite 39)
- Sommerblumen noch auspflanzen (Seite 60 und Seite 96)
- Bei allen Balkon- und Kübelpflanzen: Wasser und Dünger nicht vergessen

Sonstiges

- Gehölze (Seite 164), Rosen (Seite 104) und herbstblühende Stauden (Seite 158) im Container können jetzt noch gepflanzt werden

Jetzt ist Spargelzeit! »König der Gemüse« wird der Spargel auch genannt. Im Juni hat er seine Hoch-Zeit; bis zum 24. Juni wird nach alter Tradition der einheimische Spargel gestochen. Selbst wenn man heute das ganze Jahr hindurch Spargel im Supermarkt aus anderen Ländern bekommen kann – deutscher Spargel gehört nach wie vor zu den besten.

Erdbeeren

Hecken: der lebendige Gartenzaun

Selbst wenn Sie nur einen kleinen Garten haben: Eine lebendige, grüne Begrenzung sieht allemal schöner aus als ein »normaler« Gartenzaun. Und es gibt weitere Gründe, die für eine Hecke sprechen:

● Hecken sind nicht nur Begrenzungen, sondern schützen auch vor Wind, Staub und fremden Einblicken.

● Mit einer Hecke haben Sie – gerade in engen Gärten in der Stadt – mehr Lärmschutz als mit einem Zaun.

● Hecken sind wichtige Nistplätze für Vögel und bieten auch zahlreichen anderen Lebewesen Schutz und Heimstatt.

Freiwachsende Hecke

Eine freiwachsende Hecke muß nicht regelmäßig geschnitten werden (Seite 40), braucht dafür allerdings etwas mehr Raum. Viele der blühenden Sträucher, z.B. *Forsythie, Weigelie, Falscher Jasmin, Zaubernuß, Ranunkel, Goldregen* (giftig!) oder *Feuerdorn* eignen sich für eine solche Hecke, vor allem wenn sich Wuchsform, Blütenfarbe und Blütezeit voneinander unterscheiden. Sie müssen lediglich darauf achten, daß alle Gehölze, die Sie aussuchen, ähnliche Bodenansprüche stellen. Beim Gärtner oder in der Baumschule werden Sie eingehend dazu beraten.

Goldregen

Die Wildhecke ist eine besondere Form der freiwachsenden Hecke. Der einzige Unterschied liegt in der Auswahl der Gehölze, d.h., Sie verwenden keine Zuchtsorten, sondern ausschließlich einheimische oder eingebürgerte Arten. Für die Wildhecke eignen sich z.B. *Haselnuß (Corylus avellana), Sanddorn (Hippophae rhamnoides), Vogelkirsche (Prunus avium), Eberesche (Sorbus aucuparia), Schneeball (Viburnum opulus* oder *Viburnum lantana), Seidelbast (Daphne mezereum,* giftig!) und andere mehr.

In einer Wildhecke finden besonders viele Tiere Nahrung und Lebensraum.

● In freiwachsenden Hecken brauchen die Sträucher einen Abstand von wenigstens eineinhalb Metern.

● Da diese Heckenform sich frei entfalten soll, werden die einzelnen Gehölze immer nur ausgelichtet, d.h., Sie entfernen lediglich altes und abgestorbenes Holz und nach innen wachsende Zweige (Seite 40).

Wenn Sie für Ihre Hecke immergrüne Nadelgehölze wählen, ist es wichtig, daß der Standort dieser Gehölze frei von Staunässe ist. Andernfalls wachsen sie nur kümmerlich oder können sogar eingehen.

Schnitthecke

Eine Schnitthecke eignet sich vor allem für kleinere Gärten, denn sie benötigt nicht soviel Platz. Außerdem müssen Sie entscheiden, ob Sie eine immergrüne (z.B. *Thuja, Eibe, Scheinzypresse*) oder eine sommergrüne Hecke (z.B. *Hainbuche, Liguster, Cotoneaster*) haben wollen. Die Vorteile bei beiden liegen auf der Hand: Immergrün bedeutet auch Sichtschutz im Winter, sommergrün dagegen heißt mehr Licht in der dunklen Jahreszeit.

Wichtig bei der Auswahl der Heckenpflanzen ist auf jeden Fall, daß sie den Schnitt vertragen. Auch hier fragen Sie am besten den Fachmann im Gartencenter oder in der Baumschule.

Hainbuche

● Eine Schnitthecke muß von Anfang an richtig »gezogen« werden, sonst wird sie schon nach ein paar Jahren kahl oder fällt auseinander.

● Achten Sie beim Schneiden darauf, daß die Hecke oben schmaler geschnitten wird als unten am Boden. Lassen Sie die Heckenpflanzen auch nicht möglichst schnell nach oben »schießen«, sonst haben Sie in der Mitte bald weniger Dichte.

● Immergrüne Hecken schneidet man stets im Spätsommer, sommergrüne dagegen ab Ende Juni, wenn der erste Austrieb abgeschlossen ist (Seite 40).

111

Freilandgemüse richtig aussäen

Fast alle Pflanzen bilden Samen. Aus den winzigen, oft unscheinbaren Körnchen wachsen schon in meist kurzer Zeit neue, prächtige Pflanzen heran. Dieses Wunder der Natur können Sie im Garten oder auf dem Balkon, ja selbst auf der Fensterbank oder im Zimmergarten nachvollziehen.

Es gibt ausgesprochene Schnellkeimer, wie etwa das Radieschen oder die Kresse, deren Sämlinge schon nach wenigen Tagen erscheinen. Andere dagegen brauchen mehrere Wochen, so daß man schon meint, die Samen würden überhaupt nicht mehr keimen. Manchmal empfiehlt sich deshalb eine Keimprobe, vor allem, wenn Sie die Samen schon vor längerer Zeit gekauft haben.

Keimprobe

Für die Keimprobe nehmen Sie – je nach Größe – 20 bis 50 Samen und legen sie zwischen zwei mit Wasser durchtränkte Streifen Löschpapier in eine flache Schale mit Sand. Sie können die Samen auch direkt in den feuchten Sand streuen. Stellen Sie die Schale in ein warmes Zimmer bzw. bei entsprechender Außentemperatur an einen geschützten Platz im Freien, und halten Sie alles durch Abdecken mit Folie schön feucht. Nach ein paar Tagen zählen Sie nach, wie viele Samen aufgegangen sind. Bei etwa 75 Prozent spricht man von einwandfreiem Saatgut, bei der Hälfte aufgegangener Samen müssen Sie doppelt soviel ansäen. Geht nur ein Viertel der Samen auf, lohnt sich die Aussaat mit diesen Samen nicht mehr.

Radieschen

Licht- oder Dunkelkeimer?

Neben Feuchtigkeit und Wärme müssen Sie darauf achten, ob die Pflanzen, die Sie ansäen wollen, Licht- oder Dunkelkeimer sind (ist stets auf den Samenpackungen vermerkt).

112

● Lichtkeimer werden nur auf die Anzuchterde gestreut und leicht angedrückt, so daß sie festen Kontakt zum Erdreich haben.

● Dunkelkeimer dagegen müssen nach der Aussaat mit feiner Erde übersiebt werden, und zwar dreimal so hoch, wie der Durchmesser des einzelnen Samenkorns ist. Sie können die Aussaat auch mit Pappe abdecken.

Wenn Sie gleich ins Freie säen, streuen Sie die Saat in kleine Rillen und decken sie mit Erde ab. Sobald die ersten Pflänzchen erscheinen, brauchen auch die Dunkelkeimer Licht zum Wachsen und Gedeihen.

Wer »ordentlich« ist und in Reihen und Rillen aussät, hat nachher weniger Ärger beim Unkrautjäten: Die Gemüsepflanzen stehen dann in Reih' und Glied, und das Unkraut zwischen den Reihen läßt sich leicht entfernen.

Aussaat ins Beet

Die meisten Gemüsesamen können Sie direkt ins Beet säen.

● Vor der Aussaat wird der Boden gut gelockert und glatt gerecht, bei Bedarf vorher gedüngt (Seite 91).

● Große Samenkörner (z.B. *Bohnen)* werden einzeln oder paarweise in größerem Abstand oder in kleinen Gruppen ausgesät.

● Feines Saatgut wie *Spinat* oder *Mangold* wird breitwürfig über das Beet verteilt oder in Reihen ausgestreut und dann mit Erde übersiebt.

● Sehr feine Samen (z.B. *Petersilie, Karotten)* vermischen Sie am besten vorher mit etwas Sand, damit sie nicht zu dicht fallen.

Spinat

Anbauplan für Ihr Gemüsebeet

Sicher ist Ihnen gerade im Gemüsegarten daran gelegen, die Beete optimal auszunutzen. Dann ist es wichtig, nicht erst jetzt im Juni mit der Aussaat zu beginnen, sondern schon Vorkulturen zu ziehen bzw. Pflanzen unter Glas anzuzüchten (Seite 38).

Mögliche Vorkulturen	Hauptkultur
Kopfsalat, Spinat, Rettich, Radieschen, Kohlrabi	Blumenkohl, Brokkoli (spät)
Winterspinat, Radieschen, Schnittsalat	Buschbohnen (früh)
Kopfsalat, Spinat, Kohlrabi, Rettich, Radieschen, Frühmöhren	Buschbohnen (spät)
Winterspinat, Radieschen, Rettich, Schnittsalat, Wintersalat	Stangenbohnen
Erbsen, Frühmöhren, Kohlrabi, Kopfsalat	Chinakohl
Feldsalat, Winterportulak, Winterporree, Rosenkohl	Erbsen
Kopfsalat, Spinat, Kohlrabi, Schalerbsen, Radieschen, Rettich	Grünkohl
Feldsalat, Winterporree, Rosenkohl	Möhren (früh bis mittelfrüh) Möhren (spät)
Spinat, Radieschen, Rettich, Salat, Kohlrabi	Porree (Winter)
Radieschen, Schnittsalat, Wintersalat, Winterspinat	Rettich (Sommer)
Kopfsalat, Radieschen, Rettich, Spinat, Frühmöhren	Rosenkohl
Feldsalat, Winterporree, Radieschen, Schnittsalat, Spinat	Rotkohl, Weißkohl, Wirsing
Feldsalat, Winterporree, Radieschen, Schnittsalat, Spinat	Rote Bete
Feldsalat	Salat (früh)
Winterporree, Radieschen, Winterspinat	Salat (Sommer)
Erbsen, Kohlrabi, Radieschen, Rettich	Salat (Herbst)
Erbsen, Kohlrabi, Radieschen, Rettich, Frühmöhren	Endivien
Feldsalat, Winterporree	Spinat (Frühjahr)
Spinat (Winter)	Gurken, Kopfsalat, Bohnen, Möhren, Blumenkohl
Feldsalat, Winterporree	Zwiebeln

Mögliche Nachkulturen	Beet belegt von bis
——	Ende März bis November
Winterspinat, Feldsalat, Radieschen	ganzjährig
——	Ende März bis Oktober
——	November bis September
——	April bis November
Salat, Endivien, Zuckerhut, Chinakohl, Rettich, Radieschen, Spinat	ganzjährig
——	April bis November
Chinakohl, Herbstrettich, Radieschen, Herbstsalat, Spinat	ganzjährig
——	ganzjährig
Spinat, Kopfsalat, Endivien	ganzjährig
——	April bis Februar
Gründüngung	ganzjährig
——	September bis Juli
Busch- und Stangenbohnen, Tomaten, Gurken, Melonen, Zuckermais	ganzjährig
Spinat, Feldsalat, Rettich, Radieschen, Endivien, Gründüngung	ganzjährig
Gründüngung	ganzjährig
——	April bis November
Gurken, Tomaten, Stangenbohnen, Kohlrabi, Salat	ganzjährig
Gründüngung	ganzjährig
Winterspinat, Feldsalat	ganzjährig

Die nebenstehende Tabelle ist ein Vorschlag für einen Gemüse-Fruchtfolgeplan. Sie gehen dabei jeweils von der Hauptkultur (Spalte 2) aus und sehen auf einen Blick, welches Gemüse Sie vorher (Spalte 1) bzw. später (Spalte 3) anbauen können. Spalte 4 sagt Ihnen, wie lange das Beet belegt ist.

Früchte, die jeder mag: Erdbeeren

Erdbeeren, früher auch die »Speise der Seligen« genannt, gehören wie der Spargel zum Juni. Selbst wenn man sie heutzutage fast das ganze Jahr hindurch kaufen kann – erst wenn die heimische Ernte auf den Markt kommt, ist richtig Erdbeerzeit!

Bei den modernen Gartenerdbeeren unterscheidet man zwischen den einmal tragenden Sorten – sie bringen jetzt im Juni und auch noch im Juli die Haupternte – und den mehrmals tragenden Sorten, deren Früchte von Juni bis Oktober geerntet werden können.

Die heute an jedem Marktstand erhältlichen großen Sorten gibt es erst seit wenigen Jahren. Früher sammelte man die kleinen, sehr aromatischen Walderdbeeren (Fragaria vesca), die heute zu den Delikatessen zählen. Auch Zimterdbeeren (Fragaria moschata), die leicht nach Muskat schmecken, waren einst sehr beliebt.

So gedeihen Erdbeeren

● Standort: Erdbeeren brauchen ein sonniges und geschütztes Beet.

● Pflanzzeit: Einmal tragende Sorten pflanzt man im Juli und August, die mehrmals tragenden im September.

● Bodenbearbeitung: Der Boden – am besten frischer bis feuchter, leicht saurer Humusboden – muß gründlich vorbereitet werden, d.h., Sie müssen zunächst alles Unkraut entfernen und anschließend reifen Kompost (oder organischen Mischdünger aus Hornmehl, Blutmehl und Knochenmehl) auftragen und etwa 20 Zentimeter tief einarbeiten.

● Pflanzen: Die Erdbeerpflanzen sollten in Reihen von etwa einem halben Meter Abstand stehen; die einzelnen Pflanzen werden etwa 35 bis 40 Zentimeter voneinander entfernt gepflanzt.

● Mulchen: Vor allem bei Erdbeerbeeten ist das Mulchen (während der Fruchtbildung nur mit Stroh!) wichtig. So wird der Boden immer feucht und warm gehalten, Unkräuter werden unterdrückt und die Früchte vor Fäulnis und Schimmel bewahrt.

● Ernten: Sie sollten bei der Ernte darauf achten, die reifen, roten Früchte immer mit dem Stengel abzuzupfen. Übrigens: Erdbeeren gehören zu den Früchten, die schnell verbraucht werden müssen.

Erdbeeren kann man sogar auf dem Balkon anbauen: Im Kübel oder als Kletterpflanze am Spalier fruchten sie über längere Zeit hinweg. Wie im Beet pflanzt man auch Klettererdbeeren in kompostreiche Erde. Juli oder August ist die beste Zeit dafür. Zwischen Einwurzeln und Einwintern sollten Sie höchstens zweimal nachdüngen, ein weiteres Mal dann im Frühjahr vor der Blüte. Nach drei bis vier Jahren müssen Sie Ihre Erdbeerpflanzung dann meist erneuern.

Pflanzen vermehren: Stecklinge & Co.

Pflanzen lassen sich auf vielerlei Weise vermehren:

Vermehrung durch Ausläufer

Um bei unserem Beispiel Erdbeeren zu bleiben: Ab Juni bilden die meisten Erdbeerpflanzen Jungpflanzen an den Ranken – die Ausläufer. Sobald die Ausläufer auf dem Boden liegen, haben die Jungpflanzen meist schon kleine, zarte Wurzeln.

Achten Sie nicht unbedingt auf die stärksten Ausläufer, sondern darauf, von welcher Pflanze sie kommen: Stammen sie von einer gesunden, besonders reich tragenden Mutterpflanze, werden auch die Ausläufer mit ziemlicher Sicherheit gesund und kräftig sein.

● Nehmen Sie die Ausläufer gleich nach der Ernte ab. Wenn sie spätestens Ende Juli mit einem eigenen kleinen Ballen wieder ins Beet kommen, können Sie bereits im folgenden Jahr Ernte halten. Werden die Ausläufer erst später eingepflanzt, müssen Sie ein Jahr länger auf die roten Früchte warten.

● Absenker: Sie können die Ausläufer auch an der Mutterpflanze mit Hilfe einer Klammer solange im Erdreich fixieren, bis sie eigene Wurzeln gebildet haben, und sie erst dann an ihren endgültigen Standort verpflanzen (siehe Abbildung).

Vermehrung durch Aussaat

Monatserdbeeren werden in der Regel durch Aussaat vermehrt:
● Ende Mai bis Anfang Juni säen Sie die Samen im feuchten Erdreich aus (Seite 112). Noch besser ist es allerdings, die Erdbeeren entweder im Frühbeet unter Glas (Seite 38) oder auf der Fensterbank (Seite 39) vorzuziehen.

Sobald die Jungpflänzchen etwas gewachsen sind, müssen sie pikiert werden (Seite 118).

Bei mehrmals tragenden Erdbeersorten können Sie die ersten Blütentrauben entfernen, damit die späteren Ernten mehr einbringen. Dabei pflückt man die gesamte Blütentraube zusammen mit den unreifen Früchten ab.

Wenn Erdbeeren nicht richtig wachsen, hat dies meist zwei Gründe: Entweder haben Sie sie zu tief gepflanzt oder zuviel gedüngt. Achten Sie beim Pflanzen darauf, daß das Zentrum der Erdbeerpflanze gerade noch aus der Erde herausschaut!

▶ **Pikieren:** Unter Pikieren versteht man das Vereinzeln von Sämlingen: Wenn die Samen im Frühbeet oder auf der Fensterbank aufgegangen sind und die Sämlinge anfangen, sich gegenseitig zu behindern, löst man mit dem Finger oder einem speziellen Pikierholz jeweils eine einzelne Pflanze aus dem Verbund. In einen Topf mit Anzuchterde sticht man nun ein Loch ins Erdreich, setzt die Jungpflanze dort hinein und drückt sie an.

Wichtig: Zum Pikieren brauchen Sie besonders gute Erde, denn nur dann können sich die kleinen Wurzelballen bestens entwickeln (Seite 39).

Vermehrung durch Teilung

Teilt man von einem Wurzelstock einzelne Stücke ab, spricht man von Vermehrung durch Teilung (vor allem bei Stauden). Alle mehrjährigen Pflanzen, die keine Pfahlwurzeln haben und nicht nur einen Trieb bilden, können Sie im Frühjahr oder Herbst teilen:

● Nehmen Sie die Pflanze aus dem Boden und teilen Sie den Wurzelballen mit einem scharfen Messer (oder dem Spaten) in zwei oder mehr Teile. Achten Sie darauf, daß jedes Teil noch ausreichend Wurzeln und zwei oder drei Triebknospen behält.

● Kürzen Sie zu lange Wurzeln und pflanzen Sie die Teilstücke einzeln wieder ein.

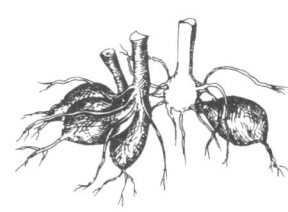

● Wurzelschnittlinge: Bei der Vermehrung z.B. von *Primeln* oder *Meerrettich* schneidet man im Herbst drei bis fünf Zentimeter lange Stücke aus den Wurzeln der jeweiligen Pflanze – die Wurzelschnittlinge. Aus diesen kleinen Wurzelteilen bildet sich jeweils eine neue Pflanze.

● Knollenteilung: Die Knollenteilung erfolgt im Frühjahr (März/April) z.B. bei der *Knollenbegonie* oder der *Dahlie:* Die große Knolle wird mit einem Messer zerschnitten, wobei eine Triebknospe an jedem Teilstück vorhanden sein sollte (siehe Abbildung).

118

Stecklinge

Stecklinge werden die abgeschnittenen Triebe oder Triebstücke einer Mutterpflanze genannt:

● Kopfstecklinge sind die Triebspitzen von krautigen oder verholzten einjährigen, blütenlosen Trieben (z. B. bei der *Weigelie* oder dem *Pfeifenstrauch),* die im Frühjahr, Sommer und Herbst geschnitten werden. Die Kopfstecklinge sollten zwei bis drei Blattpaare besitzen.

● Stamm- bzw. Teilstecklinge (z. B. Rosen, alle Gartengehölze) entstehen, wenn Sie Teilstücke aus der Mitte des Pflanzenstengels ohne Triebspitze waagerecht oder senkrecht in Anzuchterde (Seite 39) stecken.

● Achten Sie darauf, daß jeder Stammsteckling mindestens eine Blattknospe haben muß.

● Drücken Sie die Stücke ohne Blätter leicht in die Anzuchterde hinein. Bei senkrechter Pflanzung kommt das Anschnittstück in die Erde, bei waagerechter Pflanzung bleibt das Blattauge über der Erde.

Die nebenstehenden Abbildungen zeigen Ihnen, wie Sie einen Kopfsteckling schneiden und einpflanzen müssen.

119

Juli
der
Heumond

Nach dem Vornamen Julius und damit nach Julius Cäsar wurde der Juli benannt – ein Denkmal für seine Kalenderreform im Jahre 46 v. Chr., bei der erstmals ein Sonnenkalender angewandt wurde. Was viele nicht wissen: Fast während des gesamten christlichen Zeitalters wurden in Europa zwei Kalender benutzt: der »offizielle« Julianische, der eben auf Cäsar zurückgeht, und der »inoffizielle« Mondkalender, der noch aus heidnischer Zeit stammt. Selbst die Heiligentage des Mittelalters wurden nach dem Menologion festgesetzt, dem »Wissen vom Mond«. Und auch die wichtigsten Feiertage im Kirchenjahr – Ostern und Pfingsten – richten sich heute noch nach dem Mond aus.

120

Der Juli ist der Hochsommermonat mit viel Sonne und den heißesten Temperaturen des Jahres. Das ist auch gut so, denn, wie eine alte Bauernregel besagt: »In der Julisonne muß braten, was im Herbst soll geraten.«

Krebs
vom 22. Juni
bis zum 22. Juli

Das finden Sie im Juli

Julikalender

1.	Hechard, Theodorich	
2.	Jakob Friedrich, Mariä Heimsuchung, Petrus	
3.	Joseph, Thomas	
4.	Bernold, Berta, Bruno, Hatto, Ulrich von Augsburg	
5.	Antonius, Maria Zaccaria, Kyrilla	
6.	Goar, Maretta, Maria Theresia, Thomas	
7.	Bodard, Edelburg, Willibald von Eichstätt	
8.	Hermann, Kilian	
9.	Andreas, Luise, Agilolf	
10.	Knud, Olaf, Sieben Brüder	
11.	Benedikt von Nursia, Olga, Oliver, Rachel	
12.	Felix, Fortunat, Hermagoras, Placidus	
13.	Bertold, Joel, Mildred, Sara, Silas	
14.	Goswin, Kamillus	
15.	Bonaventura, David, Donald, Wladimir	
16.	Carmen, Elvira, Irmengard	
17.	Alexius, Charlotte, Gabriele	
18.	Arnold, Arnulf, Odilia, Radegund	
19.	Berbulf, Vinzenz	Schwendtag
20.	Bernhard, Léon-Ignace, Margareta	
21.	Daniel, Florentius, Laurentius	
22.	Eberhard, Maria Magdalena, Verena	Schwendtag
23.	Apollinaris, Brigitta von Schweden, Liborius	
24.	Christophorus, Christine, Kunigunde, Luise, Siglind	
25.	Jakobus, Thea, Thomas von Kempten	
26.	Anna, Joachim, Gloriosa	
27.	Bertold, Natalie	
28.	Beatus, Benno, Samson	Schwendtag
29.	Flora, Ladislaus, Lucilla, Martha von Bethanien	
30.	Beatrix, Faustinus, Ingeborg	
31.	Germanus, Hermann, Ignatius von Loyola	

Wurzeltag = ♉ ♍ ♑ Blattag = ♓ ♋ ♏ Blütentag = ♒ ♊ ♎ Fruchttag = ♈ ♌ ♐

	2001	2002	2003	2004	2005	2006	2007
1.	So ☽ ♏	Mo ☾ ♓	Di ☽ ♋	Do ☽ ♐	Fr ☾ ♉	Sa ☽ ♍	So ☾ ♑
2.	Mo ☽ ♐	Di ☾ ♈	Mi ☽ ♌	Fr ○ ♑	Sa ☾ ♉	So ☽ ♍	Mo ☾ ♒
3.	Di ☽ ♐	Mi ☾ ♈	Do ☽ ♌	Sa ☾ ♑	So ☾ ♊	Mo ☽ ♎	Di ☾ ♒
4.	Mi ☽ ♐	Do ☾ ♉	Fr ☽ ♍	So ☾ ♒	Mo ☾ ♊	Di ☽ ♎	Mi ☾ ♒
5.	Do ○ ♑	Fr ☾ ♉	Sa ☽ ♍	Mo ☾ ♒	Di ☾ ♋	Mi ☽ ♏	Do ☾ ♓
6.	Fr ☾ ♑	Sa ☾ ♉	So ☽ ♎	Di ☾ ♓	Mi ● ♋	Do ☽ ♏	Fr ☾ ♓
7.	Sa ☾ ♒	So ☾ ♊	Mo ☽ ♎	Mi ☾ ♓	Do ☽ ♋	Fr ☽ ♏	Sa ☾ ♈
8.	So ☾ ♒	Mo ☾ ♊	Di ☽ ♏	Do ☾ ♈	Fr ☽ ♌	Sa ☽ ♐	So ☾ ♈
9.	Mo ☾ ♒	Di ☾ ♋	Mi ☽ ♏	Fr ☾ ♈	Sa ☽ ♌	So ☽ ♐	Mo ☾ ♉
10.	Di ☾ ♓	Mi ● ♋	Do ☽ ♐	Sa ☾ ♉	So ☽ ♍	Mo ☽ ♑	Di ☾ ♉
11.	Mi ☾ ♓	Do ☽ ♌	Fr ☽ ♐	So ☾ ♉	Mo ☽ ♍	Di ○ ♑	Mi ☾ ♊
12.	Do ☾ ♈	Fr ☽ ♌	Sa ☽ ♑	Mo ☾ ♉	Di ☽ ♍	Mi ☾ ♒	Do ☾ ♊
13.	Fr ☾ ♈	Sa ☽ ♍	So ○ ♑	Di ☾ ♊	Mi ☽ ♎	Do ☾ ♒	Fr ☾ ♋
14.	Sa ☾ ♈	So ☽ ♍	Mo ☾ ♑	Mi ☾ ♊	Do ☽ ♎	Fr ☾ ♓	Sa ● ♋
15.	So ☾ ♉	Mo ☽ ♍	Di ☾ ♒	Do ☾ ♋	Fr ☽ ♏	Sa ☾ ♓	So ☽ ♌
16.	Mo ☾ ♉	Di ☽ ♎	Mi ☾ ♒	Fr ☾ ♋	Sa ☽ ♏	So ☾ ♈	Mo ☽ ♌
17.	Di ☾ ♊	Mi ☽ ♎	Do ☾ ♓	Sa ● ♋	So ☽ ♏	Mo ☾ ♈	Di ☽ ♍
18.	Mi ☾ ♊	Do ☽ ♏	Fr ☾ ♓	So ☽ ♌	Mo ☽ ♐	Di ☾ ♉	Mi ☽ ♍
19.	Do ☾ ♋	Fr ☽ ♏	Sa ☾ ♈	Mo ☽ ♌	Di ☽ ♐	Mi ☾ ♉	Do ☽ ♍
20.	Fr ● ♋	Sa ☽ ♐	So ☾ ♈	Di ☽ ♍	Mi ☽ ♑	Do ☾ ♊	Fr ☽ ♎
21.	Sa ☽ ♌	So ☽ ♐	Mo ☾ ♈	Mi ☽ ♍	Do ○ ♑	Fr ☾ ♊	Sa ☽ ♎
22.	So ☽ ♌	Mo ☽ ♑	Di ☾ ♉	Do ☽ ♍	Fr ☾ ♒	Sa ☾ ♊	So ☽ ♏
23.	Mo ☽ ♍	Di ☽ ♑	Mi ☾ ♉	Fr ☽ ♎	Sa ☾ ♒	So ☾ ♋	Mo ☽ ♏
24.	Di ☽ ♍	Mi ○ ♒	Do ☾ ♊	Sa ☽ ♎	So ☾ ♓	Mo ☾ ♋	Di ☽ ♏
25.	Mi ☽ ♎	Do ☾ ♒	Fr ☾ ♊	So ☽ ♏	Mo ☾ ♓	Di ● ♌	Mi ☽ ♐
26.	Do ☽ ♎	Fr ☾ ♒	Sa ☾ ♊	Mo ☽ ♏	Di ☾ ♈	Mi ☾ ♌	Do ☽ ♐
27.	Fr ☽ ♏	Sa ☾ ♓	So ☾ ♋	Di ☽ ♐	Mi ☾ ♈	Do ☽ ♌	Fr ☽ ♑
28.	Sa ☽ ♏	So ☾ ♓	Mo ☾ ♋	Mi ☽ ♐	Do ☾ ♉	Fr ☽ ♍	Sa ☽ ♑
29.	So ☽ ♐	Mo ☾ ♈	Di ● ♌	Do ☽ ♑	Fr ☾ ♉	Sa ☽ ♍	So ☽ ♑
30.	Mo ☽ ♐	Di ☾ ♈	Mi ☽ ♌	Fr ☽ ♑	Sa ☾ ♊	So ☽ ♎	Mo ○ ♒
31.	Di ☽ ♐	Mi ☾ ♈	Do ☽ ♍	Sa ○ ♒	So ☾ ♊	Mo ☽ ♎	Di ☾ ♒

Wetter- und Bauernregeln

*Cäsar hat festgestellt, daß
die Kelten die Zeit nicht
nach Tagen, sondern nach
Nächten maßen. Die
christlichen Feiertage
beruhen denn auch meist
auf heidnischen heiligen
Tagen; durch die Sonnen-
berechnung waren sie
lediglich um 12 Stunden
»nach vorne« verlegt. Die
ältere, heidnische Version
des entsprechenden
Feiertags wurde deshalb
meist am Vorabend gefeiert.*

Die Blüte der *Winterlinde (Tilia cordata)* – bei uns um den 7. Juli – kennzeichnet den Beginn des Hochsommers. Er dauert bis zum Erntebeginn des Hafers am 9. August. Langjährige Wetterbeobachtungen zeigen, daß der Juli der wärmste Monat des Jahres ist – leider aber auch oft der niederschlagreichste. Jetzt beginnt jedoch die Ernte, und ein lang anhaltender Regen kann alles verderben. Mariä Heimsuchung am 2. Juli knüpft nach den Bauernweisheiten an den Siebenschläfertag (27. Juni) an: »Geht Maria übers Gebirge naß, bleiben leer Scheune und Faß.« Der Jakobitag am 25. Juli ist oft das Startsignal für die heißen Hundstage um den 25. Juli, wenn die Sonne mit dem Sirius (Hundsstern) im Sternbild des Großen Hundes aufgeht. Vor allem in den südlichen Regionen Deutschlands ist es an diesen Tagen oft extrem heiß. Eine Bauernregel besagt: »Hundstage hell und klar zeigen an ein gutes Jahr. Werden Regen sie begleiten, kommen nicht die besten Zeiten.« Dies ist natürlich vor allem auf die Ernte gemünzt. Im Hinblick auf die Weinlese gilt, daß der Wein nur dann die rechte Süße bekommt, wenn jetzt trockenes, warmes Wetter herrscht: »Wenn gedeihen soll der Wein, muß der Juli trocken sein.«

● Weitere Bauernregeln für den Juli: Regnet's am Tag unserer lieben Frauen (2.), da sie das Gebirg' tät beschauen, so wird sich das Regenwetter mehren und 40 Tag' nacheinander währen. Regen am Sankt-Ulrichs-Tag (4.) macht die Birnen stichig-mad'. An Sankt Kilian (8.) säe Rüben und Wicken an. Kilian, der heilige Mann, stellt die ersten Schnitter an. Wie es die sieben Brüder (10.) treiben, soll es sieben Wochen bleiben. Regen an Alexe (17.) wird zur alten Hexe. Vinzenz (19.) Sonnenschein füllt die Fässer mit Wein. Margaretens (20.) Regen bringt keinen Segen. Klar muß Apollinaris (23.) sein, soll sich der Bauer freu'n. Ist Sankt Anna (26.) erst vorbei, kommt der Morgen kühl herbei. So golden die Sonne im Juli strahlt, so golden sich der Weizen mahlt.

*Holz für Pfahlbauten im
Wasser oder für Schiffs-
und Bootsstege schlägt man
an warmen Sommertagen
bei zunehmendem Mond.
Man soll es gleich zum
Bauen verwenden, denn
dann steht es im Vollsaft.*

Volksglaube

Der alte Bauernname »Heumond« für Juli stammt aus dem
frühen Mittelalter, der Zeit vor dem Gregorianischen Kalender
(1582). Damals war man im Jahr zehn Tage voraus, d.h., die
Ernte wurde früher eingefahren als heute.

Heu stand seit Urzeiten mit bestimmten Dämonen in Ver-
bindung. Die Heuernte wurde deshalb von allerlei
Ritualen und Vorsichtsmaßnahmen begleitet: So wurde
der Wind mit einigen Heubüscheln »gefüttert«. Das
sollte dagegen helfen, daß sich in der Erntezeit Zwerge
zeigten, um »mitzuhelfen«, oder daß Hexen den Ertrag
durch Zauberkünste in ihre eigenen Scheunen ent-
führten.

Außerdem schützte Heu die Wöchnerinnen und galt
als Glücksbringer, der Wünsche in Erfüllung gehen
ließ – vor allem, wenn man von einem Heuwagen ein
paar Halme unbemerkt entwendete und diese dann im
Geldbeutel aufhob. Daher stammt übrigens auch die Redensart
»Geld wie Heu«.

Im Juli verstärkt sich – nach alter Überlieferung – die Wirkung
bestimmter Edelsteine, die man am Körper trägt. So glaubt man,
daß der Rubin Körper und Geist schützt, während der Onyx
böse Träume hervorruft und Zwietracht zwischen den Menschen
bewirkt.

Früher hieß es, daß Salbei, am 4. Juli zur Mittagszeit gesammelt, die Mäuse im Haus vertreibe.

Salbei

Was im Juli zu tun ist

Allgemeines

- ◆ Rund um Jungpflanzen nochmals mulchen (Seite 93)
- ◆ Offene Bodenflächen in den Beeten lockern
- ◆ Unkraut jäten
- ◆ Gießen im Garten, auf der Terrasse und dem Balkon – wenn nötig zweimal täglich
- ◆ Schädlinge bekämpfen: Blattläuse, Blutläuse, Dickmaulrüßler (Seite 145)
- ◆ Auf Schnecken achten; ggf. Schneckenzaun aufstellen (Seite 148)

Ziergarten

- ◆ Zweijährige Sommerblumen bis Mitte Juli aussäen (Seite 39)
- ◆ Bartiris teilen und verpflanzen (Seite 118)
- ◆ Lilien pflanzen
- ◆ Bei allen Stauden nach dem Verblühen die Blütenstiele entfernen (Seite 55)
- ◆ Alle Frühsommerblüher (z.B. Feinstrahl, Lupinen, Türkenmohn) bis zum Boden zurückschneiden (Seite 55)
- ◆ Verwelkte Blütenstände an Flieder, Rosen und Rhododendron abschneiden
- ◆ Hohe Herbststauden aufbinden
- ◆ Sonnenauge, Phlox, Sonnenbraut einkürzen
- ◆ Sommergrüne Hecken schneiden (Seite 110)
- ◆ Blumenwiese zum erstenmal mähen (Seite 75)
- ◆ Lilienhähnchen absammeln (Seite 146)
- ◆ Krankheiten bekämpfen: Sternrußtau, Mehltau, Rost bei Rosen (Seite 69)

Mohn

Was im Juli zu tun ist

♦ Im Freien aussäen (Seite 112): Salat, Spinat, Mangold, Rote Bete, Rettich, Radieschen, Rüben, Chinakohl, Bohnen, Radicchio
♦ Blumenkohl und Kohlrabi auspflanzen
♦ Emten: Salate, letzter Schnitt- und Pflücksalat, Rettich, Radieschen, erste Möhren und Rote Bete, Blattmangold, Zuckererbsen, Kohlrabi, Frühkohl; letzte Ernte Rhabarber

Gemüsegarten

♦ Erdbeerpflanzen durch Ausläufer vermehren (Seite 117)
♦ Neue Erdbeeren pflanzen (bis spätestens Mitte August, Seite 116)
♦ An den Obstbäumen die stark tragenden Äste stützen
♦ Gleich nach der Ernte Auslichtungs- und Pflegeschnitt an Obstbäumen vornehmen (Seite 40)
♦ Raupengespinste an Kern- und Steinobst entfernen
♦ Bei den Johannisbeeren die Blattfallkrankheit bekämpfen (Seite 69)
♦ Emten: Äpfel, Pfirsiche, Aprikosen, Pflaumen, Süß- und Sauerkirschen, Erdbeeren, Strauchbeerenobst

Obstgarten

♦ Stecklinge von den Gehölzen schneiden (Seite 119)
♦ Verblühtes von Stauden entfernen, damit sich neue Knospen für eine Nachblüte bilden können (Seite 55)
♦ Wässern und Düngen nicht vergessen

Balkon

♦ Noch kann man einen Rasen neu anlegen, wenn man gründlich und nachhaltig wässert (Seite 74)
♦ Noch kann man Gehölze (Seite 164), herbstblühende Stauden (Seite 158) und Rosen (Seite 104) im Container setzen

Sonstiges

▶ **Tip:** Wenn Sie Ihr Obst nach der Ernte einmachen wollen, ist es hilfreich, sich dabei an die Mondregeln zu halten (Seite 16). Eingemachtes hält dann nicht nur länger, sondern es schmeckt auch besser!

Kirschen

Pflanze des Monats:
Die Sonnenblume

Die *Sonnenblume (Helianthus)* kennt jedes Kind. Mittlerweile sieht man auch bei uns immer mehr Sonnenblumenfelder – ein schöner Anblick, wenn sich die Pflanzen nach dem Stand der Sonne drehen.

Die bis zu vier Meter hoch wachsende Sonnenblume ist nicht nur dekorativ und durch ihre Größe sehr gut als Sichtschutzpflanze oder zum Verdecken häßlicher Mauern geeignet, sondern auch eine wichtige Nahrungs- und Nutzpflanze. Selbst die Vögel sind für Sonnenblumen dankbar: Heben Sie die Fruchtstände auf – das ist in diesem Fall die ganze Blüte –, und füttern Sie im Winter die Meisen damit. (Während des Sommers müssen Sie die Fruchtstände dann allerdings mit Netzen oder Gaze schützen, sonst sind sie bald leergeräubert.)

Sonnenblumen lassen sich ganz einfach aus Samen ziehen – auch auf dem Balkon oder der Terrasse im Kübel. Die geeignete Aussaatzeit ist Anfang Mai (Seite 39). Sie brauchen jedoch viel Sonne und außerdem reichlich Nährstoffe, z.B. Kompost (Seite 91).

Neben der einjährigen *Sonnenblume (Helianthus annuus)* gibt es die alljährlich wiederkehrende *Staudensonnenblume (Helianthus atrorubens)*, die sich in jedem Garten wohlfühlt. Je nach Art werden die Staudenpflanzen zwischen 40 und 150 Zentimeter hoch.

Sie erhalten Sonnenblumen mittlerweile nicht mehr nur in strahlendem Gelb, sondern auch mit kupfer-, bronze-, purpurfarbenen, ja sogar blutroten Blütenblättern (Abbildung auch Seite 120).

Schmetterlinge im Garten

Schmetterlinge werden immer seltener, denn mancher Unkrautvernichter hat nicht nur das Unkraut, sondern auch die Futterpflanzen für die Schmetterlingsraupen beseitigt. Doch zu einem »richtigen« Garten gehören neben Bienen, Wespen und anderen Insekten natürlich auch Schmetterlinge, die von Blüte zu Blüte gaukeln. Wenn Sie in Ihrem Garten keinen Rasen, sondern eine wildblühende Kräuterwiese angelegt haben, ist schon ein guter Anfang gemacht, damit Sie sich bald wieder über Schmetterlinge im Garten freuen können. Auch mit *Sommerflieder (Buddleia), Ginster (Cytisus), Skabiose (Scabiosa), Akazie (Robinia), Majoran (Majorana hortensis)* und *Disteln (Eryngium)* locken Sie die Schmetterlinge an.

Pflanzen für Hummeln & Co.

Damit auch Hummeln und Bienen Ihren Garten gern besuchen, sollten Sie einige der folgenden Wildpflanzen säen: *Acker-Stiefmütterchen, Acker-Vergißmeinnicht, Augentrost, Beinwell, Kleine Bibernelle, Buchweizen, Buschwindröschen, Büschelnelke, Nickende Distel, Dost, Edelgamander, Berg-Flockenblume, Gelbklee, Gemeine Flockenblume, Rispige Flockenblume, Gemeine Hundszunge, Pfirsichblättrige Glockenblume, Grasnelke, Gundermann, Herbst-Löwenzahn, Hornschotenklee, Acker-Kratzdistel, Wilde Karde, Klatschmohn, Großblumige Königskerze, Kornblume, Wollköpfige Kratzdistel, Wolfsauge, Wilde Möhre, Nachtkerze, Reiherschnabel, Berg-Sandglöckchen, Schöllkraut, Ausdauerndes Silberblatt, Rote Taubnessel, Kugeldistel, Löwenzahn, Moschusmalve, Wilde Malve, Natternkopf, Stinkende Nieswurz, Johanniskraut, Schlangenknöterich, Sonnenröschen, Große Sterndolde, Felsen-Storchenschnabel, Wiesenstorchschnabel, Sumpfdotterblume, Weiße Taubnessel, Vogelwicke, Waldziest, Schmalblättriges Weidenblättchen, Wiesensalbei, Acker-Witwenblume* oder *Zimbelkraut.* Eine stolze Liste, nicht wahr? Sicher werden Sie den einen oder anderen Namen noch aus Ihrer Kindheit kennen . . .

Auch wenn die jetzt in Scharen auftretenden Wespen den meisten Menschen sehr unangenehm sind: Als Vertilger von Ungeziefer gehören sie zu den Gartennützlingen!

Die besten Futterpflanzen

Natürlich sind die gefräßigen Schmetterlings- larven, die Raupen, jedem Gärtner ein Dorn im Auge. Doch auch hier kann man Abhilfe schaffen, denn die Raupen bevorzugen bestimmte Futterpflanzen. Warum also nicht ein Eckchen im Garten dafür freihalten?

Besonders gefürchtet ist die gefräßige Raupe des schönen Kohlweißlings. Vor allem in Sommern, in denen die Raupen in Scharen über ganze Kohlfelder herfallen, müssen die Bauern um ihre gesamte Ernte zittern.

Schmetterlingsart	Futterpflanze der Raupe
Admiral	Brennessel, Wilde Möhre
Aurorafalter	Wiesenschaumkraut
Abendpfauenauge	Holzapfel
Apollofalter	Weiße Fetthenne
Bläuling	Klee, Sanddorn
Großer Fuchs	Laubbäume
Kleiner Fuchs	Brennessel
Hauhechelbläuling	Klee
Gemeiner Heufalter	Klee
Kaisermantel	Veilchen
Landkärtchen	Brennessel
Ligusterschwärmer	Liguster
Großes Nachtpfauenauge	Feldahorn
Kleines Nachtpfauenauge	Schlehe
Ochsenauge	Gräser
Purpurwidderchen	Ginster, Klee, Thymian
Segelfalter	Felsenbirne, Felsenkirsche
Schachbrett	Gräser
Schornsteinfeger	Gräser
Tagpfauenauge	Brennessel
Trauermantel	Weiden, Birken
Violetter Waldbläuling	Klee
Zitronenfalter	Faulbaum, Kreuzdorn

Kletterpflanzen für Haus und Garten

Wenn Sie eine häßliche Hausmauer verdecken, aus Ihrem Balkon ein grünes Zimmer machen oder den Geräteschuppen im Garten hinter blühenden Ranken verschwinden lassen wollen, legen Sie sich am besten eine (oder mehrere) Kletterpflanze(n) zu. Ideal sind die grünen Kletterer auch, um eine Pergola zu bepflanzen, einen häßlichen Zaun zuzudecken oder eine Windschutzmauer auf schöne Weise zu begrünen.

Geißblatt

Die Befürchtung, daß das grüne Kleid an der Hausmauer Schäden anrichten könnte, ist unbegründet – im Gegenteil: Es schützt im Sommer vor zuviel Hitze, im Winter vor Kälte, und auch der Verputz geht dadurch nicht kaputt.

Kletterpflanzen halten sich auf unterschiedliche Weise an Wand und Zaun fest – manche tun es von alleine, andere brauchen eine Kletterhilfe. Man unterscheidet zwischen:

● Rankpflanzen: Sie klammern sich mit elastischen Trieben an die Unterlage.

● Schlingpflanzen: Sie winden ihre Sprossen um alles, was sie beim Klettern stützt.

● Spreizklimmer: Sie verkeilen sich mit steifen langen Trieben in der Kletterhilfe; oft geben Dornen oder Stacheln zusätzlichen Halt.

● Wurzelkletterer: Sie »kleben« mit kleinen Haftwurzeln an der Hauswand und schieben sich so nach oben.

Manche Kletterpflanze eignet sich auch für den Balkon: Man pflanzt sie in einem Kübel und läßt sie in dichten »Schleiern« über den Balkonrand hängen oder an der Hausmauer emporwandern.

Auch wenn Kletterpflanzen dem Verputz nicht schaden: Holen Sie sich das Einverständnis Ihres Vermieters lieber vor dem Anpflanzen – nicht jeder Hausbesitzer duldet die Kletterer an der Hauswand.

Wenn Sie einen Sichtschutz möchten, ziehen Sie am besten in einem großen Kübel zwei Kletterpflanzen an einem Gitter hoch (gibt's im Gartencenter). In nur wenigen Wochen – wenn Sie eine schnellwachsende Art wie *Clematis* oder *Knöterich* wählen – haben Sie einen guten Sichtschutz.

131

Die schönsten Kletterpflanzen

Pflanze	Botanischer Name	Standort
Clematis	Clematis-Hybriden	Sonne bis Halbschatten
Duftwicke	Lathyrus odoratus	Sonne
Efeu	Hedera helix	Halbschatten bis Schatten
Feuerbohne	Phaseolus coccineus	Sonne
Geißblatt	Lonicera-Arten	Sonne bis Halbschatten
Glockenrebe	Cobea scandens	Sonne bis Halbschatten
Glyzinie	Wisteria sinensis	Sonne bis Halbschatten
Kapuzinerkresse	Tropaeolum peregrinum	Sonne bis Halbschatten
Kletterhortensie	Hydragea	Halbschatten bis Schatten
Kletterrosen	Rosa-Arten und -Sorten	Sonne
Pfeifenwinde	Aristolochia macrophylla	Halbschatten
Prunkwinde	Ipomoea tricolor	Sonne
Schlingknöterich	Polygonum	Sonne bis Schatten
Schönranke	Eccremocarpus scaber	Sonne
Schwarzäugige Susanne	Thunbergia alata	Sonne
Strahlengriffel	Actinidia-Arten	Sonne bis Halbschatten
Trompetenblume	Campsis radicans	Sonne
Waldrebe	Clematis-Arten	Sonne bis Halbschatten
Wilde Reben	Vitis-Arten	Sonne bis Halbschatten
Wilder Wein	Parthenocissus-Arten	Sonne bis Halbschatten
Winterjasmin	Jasminum nudiflorum	Sonne bis Halbschatten

Höhe	Besonderheit	Kletterhilfe?
drei bis acht Meter	viele Blütenfarben	ja
ein bis zwei Meter	starker Blütenduft; einjährig	ja
20 bis 30 Meter	schönes Laub auch im Winter	nein
bis zu vier Meter	einjährig; feuerrote Blüten	ja
zwei bis sechs Meter	immergrüne Sorten erhältlich; duftende Blüten	ja
drei bis fünf Meter	blaue Blüten; einjährig	ja
fünf bis zwölf Meter	blaue Blütentrauben	ja
ein bis zwei Meter	gelbe Blüten; einjährig	ja
fünf Meter	weiße Blüten	nein
zwei bis fünf Meter	viele Sorten und Blütenfarben	ja
fünf Meter	große Blätter; schattenspendend	ja
zwei bis drei Meter	Trichterblüten; einjährig	ja
zehn bis zwanzig Meter	sehr robust; duftende Blüten	ja
zwei bis drei Meter	rote Blüten, einjährig	ja
ein Meter	gelbe Blüten; einjährig	ja
drei bis acht Meter	duftende Blüten; Fruchtschmuck	ja
vier bis zehn Meter	auffallende Blüten	ja
zwei bis zehn Meter	kleinwüchsige Wildarten	ja
vier bis zwölf Meter	hübsches Laub	ja
acht bis fünfzehn Meter	schönes Herbstlaub	je nach Art
zwei bis vier Meter	Winterblüher; wärmeliebend	ja

Richtig gießen auf dem Balkon

Damit Ihre Balkonpflanzen während der heißen Jahreszeit gut versorgt sind, sollten Sie folgendes beachten:

● Die Erde darf nicht durchgehend naß sein – sonst beginnen die Wurzeln zu faulen. Machen Sie die Fingerprobe: So können Sie prüfen, wie trocken die Erde ist.

● Blüten und Blätter im Balkonkasten brauchen kein Wasser. Werden Blüten und Blätter dauernd benetzt, kann es zu Erkrankungen kommen.

● Auch für Balkonpflanzen gilt: Abgestandenes Wasser ist ihnen lieber als frisches aus der Leitung. Schaffen Sie sich deshalb am besten zwei große Gießkannen an!

● Gießen Sie niemals in der Mittagszeit, also in der prallen Sonne – die Wassertropfen wirken wie ein Brennglas! Morgens und abends mögen es die Balkonpflanzen lieber.

Stauden für Garten und Balkon

Was Sie beim Umgang mit Stauden beachten sollten, ist auf Seite 55 beschrieben.

Kaum eine Pflanzengruppe ist so vielseitig wie die Stauden. Es gibt sie als flächige Bodendecker, niedrigwachsende Polsterstauden (Seite 85) oder als hoch aufragende Prachtstauden für Garten und Balkon. Sie können sie ganz nach Ihrem Geschmack zusammenstellen – die Farbenpracht ist unendlich groß –, und wenn Sie geschickt anpflanzen, haben Sie von Mai bis Oktober einen bunten Balkon oder Garten. Für die Balkonbepflanzung sollten Sie sich im Gartencenter auch nach kleineren Arten umschauen; größere können Sie im Kübel pflanzen.

Glockenblume

Pflanze	Botanischer Name	Blütezeit	Blütenfarbe	Höhe	Standort
Akelei	Aquilegia-Arten	Mai bis Juni	breite Farbpalette	30 bis 80 cm	Sonne bis Halbschatten
Aster	Aster novi-belgii, Aster novae-angliae	August bis Oktober	breite Farbpalette	40 bis 80 cm	Sonne
Bartiris	Iris-Barbata-Elatior-Gruppe	Juni bis August	breite Farbpalette	70 bis 100 cm	Sonne
Edelgarbe	Achillea-Arten	Juni bis August, bei Rückschnitt nochmals im Herbst	gelb, weiß, rosa	50 bis 100 cm	Sonne
Eisenhut	Aconitum-Arten	August bis September	blau, violett	70 bis 120 cm	Sonne bis Halbschatten
Fackellilie	Kniphofia-Hybriden	Juni bis September	gelb, orange, rot	70 bis 100 cm	Sonne
Geißbart	Aruncus sylvestris	Juni bis Juli	weiß, gelb	120 bis 150 cm	Halbschatten bis Schatten
Glockenblume	Campanula-Arten	Juni bis August	blau, violett, weiß	50 bis 100 cm	Sonne bis Halbschatten
Goldrute	Solidago-Hybriden	Juli bis Oktober	gelb	40 bis 160 cm	Sonne bis Halbschatten
Herbstchrysantheme	Dendranthema-Grandiflorum	August bis Oktober	breite Farbpalette	40 bis 100 cm	Sonne bis Halbschatten
Phlox	Phlox paniculata	Juni bis September	weiß, rosa, rot, violett	70 bis 120 cm	Sonne
Prachtspiere	Astilbe-Arten	Juni bis August	weiß, rosa, rot	30 bis 150 cm	Sonne bis Halbschatten
Rittersporn	Delphinium-Hybriden	Juni bis August, bei Rückschnitt nochmals im September	blau, violett, weiß, rosa	80 bis 200 cm	Sonne
Sommermargerite	Chrysanthemum maximum	Juni bis August, bei Rückschnitt nochmals im Herbst	weiß	50 bis 100 cm	Sonne
Taglilie	Hemeracollis-Arten	Juni bis August	weiß, gelb, orange, rot, rosa	60 bis 100 cm	Sonne bis Halbschatten
Türkenmohn	Papaver orientale	Mai bis Juni	rot	60 bis 100 cm	Sonne

August
der
Erntemond

Als »Augustus« galt im alten Rom ein Mann, der vom Geist der Orakelgöttin Juno Augusta erfüllt war. Die christliche Kirche führte den Namen »August« allerdings später auf den heiligen Augustinus zurück – wieder einmal, um alte heidnische Bräuche abzuschaffen, denn Juno Augusta war nicht nur eine Orakelgöttin, sondern auch für Ernte und Fruchtbarkeit »zuständig«. Die alte Bezeichnung für Seher – lateinisch Augur – bedeutete ursprünglich soviel wie »Vermehrer«. Für den Erntemonat August also ganz gewiß der passende Name.

Mariä Himmelfahrt am 15. August war einst der wichtigste Tag zum Sammeln von Heilkräutern, *denn dann besaßen sie die größte Heilkraft. Die Kräuterweihe in katholischen Gegenden ist ein Überbleibsel dieses alten Glaubens: Das Kräuterbündel ist von Region zu Region verschieden – es sollte aber immer Salbei, Lavendel, Wermut, Petersilie und Kamille enthalten.*

Löwe
vom 23. Juli
bis zum 23. August

Das finden Sie im August

Augustkalender

1.	Alfons Maria, Ulrich, Petrus Faber	Schwendtag
2.	Eusebius, Maria	
3.	Benno, Burchard, Lydia	
4.	Dominikus, Johannes Maria Viamey	
5.	Afra, Mariä Schnee, Oswald	
6.	Adelheid, Gilbert, Hermann	
7.	Donatus, Juliana, Kajetan	
8.	Famian, Hilger	
9.	Edith, Hathumar	
10.	Asteria, Astrid, Laurentius	
11.	Klara, Nikolaus von Kues, Susanna	
12.	Karl, Johannes, Radegund	
13.	Gerold, Gertrud, Markus, Kassian	
14.	Eberhard von Einsiedeln, Meinhard, Maximilian	
15.	Bernhard, Hyazinth, Johann Adam, Stanislaus, Stephan I.	
16.	Christian, Leo, Rochus, Theodor	
17.	Jutta von Arnstein, Jeron, Karlmann	Schwendtag
18.	Helene, Klaudia, Perfektus	
19.	Bertulf, Reginlind, Sebald	
20.	Hugo von Tennenbach, Pius, Oswin, Ronald	
21.	Adolf, Balduin, Gratia	Schwendtag
22.	Regina, Sigfrid	Schwendtag
23.	Richild, Rosa von Lima, Zachäus	
24.	Amadeus, Karl, Rosa, Bartholomäus	
25.	Christoph, Elvira, Gregor, Ludwig, Patricia	
26.	Genesius, Gregor von Utrecht	
27.	Cäsarius, Gebhard, Monika	
28.	Adelinde, Elmar, Augustin	
29.	Beatrix, Sabina, Theodora	Schwendtag
30.	Adelphus, Felix, Heribert, Ingoberg, Rebekka	
31.	Paulin, Raimund Nonnatus	

Wurzeltag = ♉ ♍ ♑   Blattag = ♓ ♋ ♏   Blütentag = ♒ ♊ ♎   Fruchttag = ♈ ♌ ♐

	2001	2002	2003	2004	2005	2006	2007
1.	Mi ☽ ♑	Do ☾ ♉	Fr ☽ ♍	So ○ ♒	Mo ☾ ♊	Di ☽ ♎	Mi ☾ ♓
2.	Do ☽ ♑	Fr ☾ ♉	Sa ☽ ♎	Mo ☾ ♓	Di ☾ ♋	Mi ☽ ♏	Do ☾ ♓
3.	Fr ☽ ♒	Sa ☾ ♊	So ☽ ♎	Di ☾ ♓	Mi ☾ ♋	Do ☽ ♏	Fr ☾ ♈
4.	Sa ○ ♒	So ☾ ♊	Mo ☽ ♎	Mi ☾ ♈	Do ☾ ♌	Fr ☽ ♐	Sa ☾ ♈
5.	So ☾ ♒	Mo ☾ ♊	Di ☽ ♏	Do ☾ ♈	Fr ● ♌	Sa ☽ ♐	So ☾ ♉
6.	Mo ☾ ♓	Di ☾ ♋	Mi ☽ ♏	Fr ☾ ♈	Sa ☽ ♌	So ☽ ♑	Mo ☾ ♉
7.	Di ☾ ♓	Mi ☾ ♋	Do ☽ ♐	Sa ☾ ♉	So ☽ ♍	Mo ☽ ♑	Di ☾ ♊
8.	Mi ☾ ♈	Do ● ♌	Fr ☽ ♐	So ☾ ♉	Mo ☽ ♍	Di ☽ ♒	Mi ☾ ♊
9.	Do ☾ ♈	Fr ☽ ♌	Sa ☽ ♑	Mo ☽ ♊	Di ☽ ♎	Mi ○ ♒	Do ☾ ♋
10.	Fr ☾ ♈	Sa ☽ ♍	So ☽ ♑	Di ☾ ♊	Mi ☽ ♎	Do ☽ ♒	Fr ☾ ♋
11.	Sa ☾ ♉	So ☽ ♍	Mo ☽ ♒	Mi ☾ ♊	Do ☽ ♎	Fr ☽ ♓	Sa ☾ ♋
12.	So ☾ ♉	Mo ☽ ♎	Di ○ ♒	Do ☾ ♋	Fr ☽ ♏	Sa ☾ ♈	So ☾ ♌
13.	Mo ☾ ♊	Di ☽ ♎	Mi ☾ ♓	Fr ☾ ♋	Sa ☽ ♏	So ☽ ♈	Mo ● ♌
14.	Di ☾ ♊	Mi ☽ ♏	Do ☾ ♈	Sa ☾ ♌	So ☽ ♐	Mo ☾ ♈	Di ☾ ♍
15.	Mi ☾ ♊	Do ☽ ♏	Fr ☽ ♈	So ☾ ♌	Mo ☽ ♐	Di ☾ ♉	Mi ☽ ♍
16.	Do ☾ ♋	Fr ☽ ♐	Sa ☾ ♈	Mo ● ♌	Di ☽ ♑	Mi ☾ ♉	Do ☽ ♎
17.	Fr ☾ ♌	Sa ☽ ♐	So ☾ ♈	Di ☽ ♍	Mi ☽ ♑	Do ☾ ♊	Fr ☽ ♎
18.	Sa ☾ ♌	So ☾ ♑	Mo ☾ ♉	Mi ☽ ♍	Do ☽ ♒	Fr ☾ ♊	Sa ☽ ♎
19.	So ● ♍	Mo ☽ ♑	Di ☾ ♉	Do ☽ ♎	Fr ○ ♒	Sa ☾ ♋	So ☽ ♏
20.	Mo ☽ ♍	Di ☽ ♑	Mi ☾ ♊	Fr ☽ ♎	Sa ☾ ♓	So ☾ ♋	Mo ☽ ♏
21.	Di ☽ ♎	Mi ☽ ♒	Do ☾ ♊	Sa ☽ ♏	So ☾ ♓	Mo ☾ ♌	Di ☽ ♐
22.	Mi ☾ ♎	Do ☽ ♒	Fr ☾ ♊	So ☽ ♏	Mo ☾ ♈	Di ☾ ♌	Mi ☽ ♐
23.	Do ☽ ♏	Fr ○ ♓	Sa ☾ ♋	Mo ☽ ♐	Di ☾ ♉	Mi ● ♌	Do ☽ ♐
24.	Fr ☽ ♏	Sa ☾ ♓	So ☾ ♋	Di ☽ ♐	Mi ☾ ♉	Do ☽ ♍	Fr ☽ ♑
25.	Sa ☽ ♏	So ☾ ♓	Mo ☾ ♌	Mi ☽ ♐	Do ☾ ♉	Fr ☽ ♍	Sa ☽ ♑
26.	So ☽ ♐	Mo ☾ ♈	Di ☾ ♌	Do ☽ ♑	Fr ☾ ♊	Sa ☽ ♎	So ☽ ♒
27.	Mo ☽ ♐	Di ☾ ♈	Mi ● ♌	Fr ☽ ♑	Sa ☾ ♊	So ☽ ♎	Mo ☽ ♒
28.	Di ☽ ♑	Mi ☾ ♉	Do ☽ ♍	Sa ☽ ♒	So ☾ ♊	Mo ☽ ♎	Di ○ ♓
29.	Mi ☽ ♑	Do ☾ ♉	Fr ☽ ♍	So ☽ ♒	Mo ☾ ♋	Di ☽ ♏	Mi ☾ ♓
30.	Do ☽ ♑	Fr ☾ ♉	Sa ☽ ♎	Mo ○ ♓	Di ☾ ♋	Mi ☽ ♏	Do ☾ ♈
31.	Fr ☽ ♒	Sa ☾ ♍	So ☽ ♎	Di ☾ ♓	Mi ☾ ♌	Do ☽ ♐	Fr ☾ ♈

Wetter- und Bauernregeln

Im August muß man den Blick oft zum Himmel richten. Zum einen, um rechtzeitig ein aufziehendes Gewitter zu erkennen, vielleicht sogar ein Hagelunwetter, das die Ernte auf einen Schlag vernichtet (Hagelwolken erkennen Sie übrigens an ihrem giftgelben Rand). Zum anderen weist das Wetter im August auf Herbst und sogar Winter hin – zumindest, wenn man sich an die Regeln des 100jährigen Kalenders hält. Zwischen dem 13. und dem 31. August, so hat der Abt Sebastian Knauer über viele Jahre hinweg beobachtet, gibt es selten einen Wetterwechsel. Ist es bis jetzt also heiß und trocken gewesen, wird es wohl noch einige Tage so bleiben, denn: »Wie das Wetter am Bartheltag (24.) sich stellt ein, so soll's den ganzen September sein.« Und eine andere Regel besagt: »Ist der August am Anfang heiß, wird der Winter streng und weiß.«

Besonders beachten sollten Sie das Wetter an den vier Tagen vor dem Augustvollmond: Sind die Mondspitzen rein und sauber, so kann man auf gutes Wetter bis zum Monatsende hoffen. Ist der August dagegen verregnet, muß man um die gesamte Ernte fürchten.

● Weitere Bauernregeln für den August: Der August muß Hitze haben, sonst wird der Obstbaumsegen begraben. An Petri Kettenfeier (1.) gehen die Störche fort. Hitze an Sankt Dominikus (4.), ein strenger Winter kommen muß. Regen an Mariä Schnee (5.) tut dem Korn tüchtig weh. Wie das Wetter an Kassian (13.), hält es viele Tage an. Wenn Sankt Rochus (16.) trübe schaut, kommt die Raupe in das Kraut. Bartholomäus (24.) hat's Wetter parat, für den Herbst bis zur neuen Saat. Bleiben die Störche bis nach Barthelmä (24.), kommt ein Winter, der tut nicht weh. Um die Zeit von Augustin (28.) geh'n die warmen Tage hin. Bischof Felix (30.) zeigt uns an, was wir in vierzig Tag' für Wetter han. Je dicker die Regentropfen im August, desto dicker der Most. Stürmt es im August, so gibt es weder Wein noch Most. Nasser August bringt teure Kost.

Volksglaube

Der Monat August beginnt gleich mit einem »verworfenen Tag«
(Seite 17): Am 1. August sollte man weder heiraten noch Flachs
raufen, noch Rüben säen. Vermutlich stammt dieser Aberglaube
aus heidnischer Zeit, denn um den Monatsanfang toben oft hef-
tige Gewitter, in denen man den »Teufel ausgelassen tanzen«
glaubte.

Wer im August geboren wurde, galt als ganz besonderes Glücks-
kind. Derjenige, der an den ersten drei Sonntagen im August
in kalten Quellen badete, konnte sicher sein, daß er gesund
blieb. Besonders förderlich war das Baden in Gletscherwasser.
»Frauendreißiger« nannte man die Zeit zwischen Mariä Himmelfahrt (15. August) und Mariä Geburt (8. September). In dieser
Zeit fing man »giftige« Kröten und spießte sie im Kuhstall auf:
Sie sollten Gift und Krankheit an sich binden. Auch für
Heilzauber und das Sammeln von Heilkräutern waren dies die
besten Tage. Der »Frauendreißiger« war nicht nur Fastenzeit,
sondern wurde besonders der Verehrung der Muttergottes
gewidmet. Gesegnete Eier, die man am 15. August – dem »Großen Frauentag« – aß, sollten besonders kräftigend sein.

In heidnischer Zeit war der August der Lammasmond (Lammas
kommt von »hlaf-mass«, was Brotfest bedeutet). Mit dem Brotfest
begannen die Feierlichkeiten für die Getreidemutter Lammas,
die in alter Zeit als eine der größten Göttinnen verehrt wurde.
Die erste Nacht des Monats zählte man später zu den großen
Hexensabbaten.

*Dill galt als Bannkraut
gegen Hexen, aber auch
als Aphrodisiakum.
Um vor Gericht Recht zu
bekommen, mußte man sich
Hafer und Dill in den
Schuh stecken – das besagt
auch der alte Spruch:
»Bei Haferstroh und Dill,
da schweigen alle
Herren still.«*

Was im August zu tun ist

Allgemeines

- ◆ Unkraut jäten
- ◆ Bei Trockenheit gießen
- ◆ Mulchschichten (Seite 93) ergänzen (das hält den Boden auch an heißen Tagen feucht)
- ◆ Erdoberfläche auf allen Beeten immer wieder lockern

Ziergarten

- ◆ Rasen regelmäßig besprengen
- ◆ Frühsommerblühende Stauden teilen und neu verpflanzen (Seite 118)
- ◆ Herbstblühende Zwiebel- und Knollengewächse einpflanzen (Herbstkrokus, Herbstzeitlose, Seite 159)
- ◆ Sommerstecklinge von Laubgehölzen schneiden (Seite 119)
- ◆ Verblühtes regelmäßig entfernen
- ◆ Immergrüne Hecken schneiden (Seite 110)
- ◆ Blumenwiese zum zweitenmal mähen (Seite 75)
- ◆ Blattläuse, Blutläuse und Spinnmilben bekämpfen (Seite 145)
- ◆ Mehltau und Schimmel bekämpfen (Seite 69)

Aprikose

▶ **Tip:** Eine Erfahrung unserer bäuerlichen Vorfahren besagt, daß, wenn der Augentrost (auch Augustinuskraut genannt) im August oder September besonders üppig blüht, dies auf einen frühen Winteranfang deutet. Ein Vermerk in Ihrem Gartentagebuch – und Sie können diese alte Bauernregel in wenigen Monaten auf ihre Richtigkeit überprüfen...

Was im August zu tun ist

- Im Freien aussäen (Seite 112): Feldsalat, Kopfsalat, Winterkresse, Radieschen, Rettich, Spinat, Spitzkohl, Wirsing, Radicchio
- Unter Glas aussäen (Seite 38): Chinakohl, Endivie, Radicchio, Knollenfenchel, Schnittsalat
- Ins Freie pflanzen: Kopfsalat, Endivie, Blumenkohl, Grünkohl, Kohlrabi, Lauch
- Bei brachliegenden Beeten Gründünger einsäen (Seite 89)
- Ernten: Kopfsalat, mittelfrühe Kartoffeln, Lauch, Zwiebeln, Möhren, Rote Bete, Rettich, Radieschen, Mangold, Sommerkohl, Hülsenfrüchte
- Kohlweißlingsraupen und Kohleulenraupen absammeln (Seite 148)
- Mehltau und Schimmel bekämpfen (Seite 69)

Gemüsegarten

- Erdbeeren pflanzen (Seite 116)
- Obstgehölze ab Ende August nicht mehr gießen
- Sommerschnitt der Kirschbäume vornehmen (Seite 40)
- Auslichtungs- und Pflegeschnitt bei Pfirsich, Aprikose und Beerensträuchern vornehmen (Seite 40)
- Apfelmehltau bekämpfen (Seite 69)
- Erdbeermilben bekämpfen (Seite 145)
- Ernten: Äpfel, Birnen, Pflaumen, Frühzwetschgen, Mirabellen, Reineclauden, Pfirsiche, Aprikosen, Sauerkirschen, Beerenobst
- Fallobst aufsammeln
- Stark tragende Äste an Obstbäumen stützen

Obstgarten

- Unkraut in den Balkonkästen entfernen
- An heißen Tagen zweimal gießen
- Zweijährige auspflanzen (Seite 96)
- Verblühtes zurückschneiden (Seite 55)

Balkon

- Noch kann man Gehölze (Seite 164), Rosen (Seite 104) und herbstblühende Stauden (Seite 158) im Container setzen
- Noch kann man neuen Rasen anlegen (Seite 74)
- Herbstblühende Blumenzwiebeln kaufen (Seite 159)

Sonstiges

143

Pflanze des Monats: Die Dahlie

Auch als Schnittblume ist die Dahlie begehrt. In der Vase bleibt sie etwa eine Woche lang frisch.

Die unglaubliche Vielfalt der *Dahlien (Dahlia)* begeistert fast jeden Gärtner (Abbildung Seite 136). Man unterscheidet drei Hauptgruppen:

● Einfache oder *Mignon-Dahlien:* Sie erreichen eine Höhe von 30 bis 60 Zentimetern.

● Halbgefüllte Dahlien: Sie werden zwischen 50 und 110 Zentimeter hoch und haben zwei bis drei Blütenkränze.

● Gefüllte Dahlien: Sie werden 50 bis 150 Zentimeter hoch und sind bestens als Beetstaude geeignet. Diese Dahlien bieten die größte Formenvielfalt; zu ihnen gehören auch die *Pompon-* und *Balldahlien* mit ihren kugeligen Blüten.

Diese sortenreichste Garten- und Balkonblume läßt wirklich keine Wünsche offen:

● Sie blüht in allen Farben (außer reinem Blau) und in jeder Höhe.

● Man kann Dahlien im Garten, im Kübel auf der Terrasse und auf dem Balkon im Kasten pflanzen.

● Wenn sie vorgezogen werden, blühen die frühesten Sorten schon im Mai und zeigen ihre prächtigen Blüten bis zum Frosteinbruch.

▶ **Wichtig:** Dahlien überwintern wie alle Zwiebel- und Knollenpflanzen im Haus an einem kühlen, aber frostfreien Standort (3 bis 7° C): Vor dem ersten Frost schneiden Sie alle Stengel bis eine Handbreit über dem Boden zurück, nehmen die Knollen mit einer Grabgabel aus dem Boden und lassen sie, mit den Stengelresten nach unten, einige Tage im Freien trocknen. Danach kommen die Knollen am besten auf trockenem Sand, Torf oder auch ein paar Lagen Zeitungspapier in den trockenen Keller. Vor dem Aussetzen im Frühjahr kann man die gut entwickelten Knollen teilen und die Dahlien auf diese Weise vermehren (Seite 118).

Umsichtig gärtnern gegen Schädlinge

Natürlich ärgern Sie sich als umweltbewußte(r) Gärtner(in), wenn Sie feststellen müssen, daß Wühlmäuse und Maulwürfe den Garten an den unpassendsten Stellen umgraben, wenn Pflanzen angefressen und nicht mehr zu gebrauchen sind, wenn die so sorgsam gehegten und gepflegten Salatpflänzchen von Schnecken verputzt wurden. Sie haben es schon im Monat April gelesen (Seite 69): Mit Kräuterjauchen bekommen Sie Schädlinge und Pflanzenkrankheiten gut in den Griff. Sie können aber auch schon von vornherein Gewächse anpflanzen, die bestimmte Schädlinge fernhalten. Das ist allemal besser, als die Giftspritze im Garten einzusetzen – ganz abgesehen davon, daß Sie mit dem Gift auch Nützlinge treffen! In der folgenden Übersicht finden Sie eine Zusammenfassung der häufigsten Gartenschädlinge, und was Sie neben Kräuterjauche und Schutzpflanzungen dagegen tun können:

Älchen oder Nematoden (Fadenwürmer)	
Besonderheit	leben in der Erde
Gefährdete Pflanzen	Christrosen, Maiglöckchen, Primeln, Rosen; Phlox; Anemonen, Astern, Lilien, Sommerblumen
Vorbeugung	regelmäßig Unkraut jäten, weil Nematoden am Unkraut überwintern; Schutzpflanzung mit Tagetes (auch: Zwiebel, Luzerne, Zichorie) anlegen; Gründüngung mit Saatmischungen (Seite 89); Mischkulturen (Seite 57), Fruchtwechsel (Seite 94)
Bekämpfung	schwierig! Befallene Pflanzen sofort entfernen und vernichten; Boden möglichst austauschen oder mit Tagetes entseuchen

Tagetes

145

Blattläuse	
Besonderheit	vermehren sich zu riesigen Kolonien
Gefährdete Pflanzen	alle Pflanzenarten, auch Gehölze
Vorbeugung	Förderung von Nützlingen: Marienkäfer, Florfliege, Ohrwurm, Schwebfliege, Schlupfwespe
Bekämpfung	mit scharfem Wasserstrahl abspritzen; bespritzen mit Schmierseifenlösung, Rainfamtee (Seite 70), Brennesseltee (Seite 70)

Blattwanzen	
Besonderheit	leicht erkennbar am dreieckigen Rückenschild. Achtung: Die roten Feuerwanzen sind keine Schädlinge, sondern jagen die Blattwanzen
Gefährdete Pflanzen	Dahlien, Astern, Margeriten, Engelstrompeten, Fuchsien, Hortensien
Vorbeugung	Förderung von Nützlingen: Vögel und Amphibien
Bekämpfung	frühmorgens auf eine untergehaltene klebrige Unterlage abschütteln

Käfer	
Gefährdete Pflanzen	fast alle Nutz- und Zierpflanzen:
Rüsselkäfer	Lupinen, Wicken, Klee
Dickmaulrüßler	Rosen, Rhododendron, Wein
Lilienhähnchen	Lilien, Maiglöckchen, Gladiolen
Blattkäfer	Weiden, Erlen, Schneeball
Drahtwürmer	Rasen, Wiesenpflanzen, Zwiebel- und Knollengewächse
Vorbeugung	Förderung von Nützlingen: Vögel, Maulwurf, Igel, Kröten; regelmäßige Bodenlockerung gegen Drahtwürmer
Bekämpfung	regelmäßig absammeln; Lockstoff-Fallen aufstellen; befallene Pflanzen ausgraben, von Käfern befreien

Erbsenbohrer

Rüsselkäfer

146

Mäuse / Wühlmause	
Gefährdete Pflanzen	Gehölze, Rosen, Stauden, Zwiebel- und Knollenpflanzen, Gemüse, Wurzelgemüse
Vorbeugung	Drahtzäune aufstellen; engmaschige Drahtkörbe um Stämme und Wurzeln legen, nagesichere Pflanzkörbe für Zwiebeln verwenden; Abwehrpflanzen setzen: Kaiserkrone (Fritillaria imperialis), Kreuzblättrige Wolfmilch (Euphorbia lathyris)
Bekämpfung	Mausefallen aufstellen; Katze

Milben	
Besonderheiten	
Weichhautmilbe	gekräuselte extrem kleine Blätter, Korkflecken, Verkrüppelung
Spinnmilbe	Gelbe bis weiße Blattsprenkel, vergilbte / abgestorbene Blätter
Gallmilbe	kleine hellgelbe Auswüchse auf Blättern, später rot oder braun
Gefährdete Pflanzen	Alle Pflanzen, vor allem Obst- und Ziergehölze
Vorbeugung	Gewächshaus und Frühbeet oft lüften; auf hohe Luftfeuchtigkeit achten; Förderung von Nützlingen
Bekämpfung	bespritzen mit Schmierseifenlösung, Rainfarntee (Seite 70), Schachtelhalmtee (Seite 70); unter Glas mit natürlichen Feinden bekämpfen (Raubmilben und Wanzen)

Milbe

Bromelie

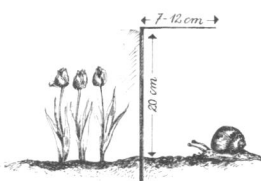

Schneckenzaun

Schildläuse	
Besonderheit	deckelartiger Rückenpanzer schützt vor Spritzungen
Gefährdete Pflanzen	vor allem Pflanzen im Gewächshaus und in der Wohnung; auch auf dem Balkon und im Beet: Fuchsien, Oleander
Vorbeugung	Übertragung auf Zimmer- und Balkonpflanzen verhindern
Bekämpfung	schwierig! Bespritzen mit Brennesseltee (Seite 70)

Schnecken	
Besonderheit	können bei mildem Wetter / feuchter Wärme zur Plage werden.
Gefährdete Pflanzen	Jungpflanzen aller Art; weichblättrige Nutz- und Zierpflanzen (vor allem Kohl, Salat, Tulpen, Gladiolen, Dahlien, Tagetes)
Vorbeugung	Förderung von Nützlingen: Vögel, Igel, Laufkäfer, Kröten; Schneckenzaun aufstellen (siehe nebenstehende Abbildung); bespritzen mit Sud aus gekochten Tannenzapfen; Kriechhindernisse (Sand, Sägespäne, Holzasche, Fichtennadeln) um gefährdete Pflanzen streuen; Schutzpflanzungen (Seite 69) mit Bohnenkraut, Kamille, Senf, Kapuzinerkresse anlegen; Eigelege entsorgen
Bekämpfung	regelmäßig frühmorgens und spätabends absammeln; Bretter, Dachziegel, flache Steine auslegen (darunter sammeln sich Schnecken gern); Bierfallen aufstellen

Thripse (Gewitterwürmchen)	
Besonderheit	kleine, schlanke Insekten mit ausgefransten Flügeln
Gefährdete Pflanzen	Chrysanthemenarten, Gladiolen, Nelken; Gewächshauspflanzen
Vorbeugung	Förderung von Nützlingen: Florfliegen; im Gewächshaus hohe Luftfeuchtigkeit vermeiden (häufig lüften)
Bekämpfung	Bespritzen mit Schmierseifenlösung oder Knoblauchtee (Seite 70)

Thrips

Wildkaninchen / Hase	
Gefährdete Pflanzen	Gehölze, Rosen, Stauden, Zwiebel- und Knollenpflanzen, Gemüse, Wurzelgemüse
Vorbeugung	Drahtzäune aufstellen; engmaschige Drahtkörbe um Stämme und Wurzeln legen, nagesichere Pflanzkörbe für Zwiebeln verwenden; Abwehrpflanzen setzen: Kaiserkrone (Fritillaria imperialis), Kreuzblättrige Wolfmilch (Euphorbia lathyris)

Wolläuse	
Besonderheit	Körper sind mit Wachsflecken bedeckt; Larven leben in Wucherungen
Gefährdete Pflanzen	Kiefer, Douglasie, Weißtanne, Weymouthkiefer, Fichte, Sukkulenten, Ritterstern; auch Ahorn und Esche
Vorbeugung	Nadelgehölze pflanzen, die nicht befallen werden (Eibe, Zeder); gefährdete Bäume vor dem Austrieb mit Schmierseifenlösung bespritzen
Bekämpfung	sehr schwierig, da die Tiere durch ihren Wachsüberzug geschützt sind

Tanne

Farne: Pflanzen aus der Urzeit

Entsprechend ihrer Herkunft gedeihen viele Farnarten, z. B. der Frauenfarn oder der Wurmfarn, auch an sonnenarmen Standorten. Man kann sie deshalb gut im Schatten von Bäumen anpflanzen.

Farne sind typische Waldpflanzen, die sich aber auch im Garten wohlfühlen. Erdgeschichtlich gesehen gehören sie zu den ältesten Pflanzen überhaupt. Es gibt Farne mit den unterschiedlichsten Blattformen, doch haben sie einige Gemeinsamkeiten:

● Farne lieben hohe Luft- und Bodenfeuchtigkeit.

● Farne brauchen Humus, wachsen andererseits aber auch in Felsspalten. Wenn Sie den Boden im Garten gut vorbereiten, d.h. auflockern, Laubkompost daruntermischen und mit Mulch aus Baumrinden oder zerhackten Zweigen abdecken, werden Sie lange Freude an Ihren Farnen haben.

● Farne treiben erst spät im Frühjahr aus. Man kann sie deshalb gut zu Frühlingsblühern, z.B. *Tulpen* oder *Maiglöckchen*, pflanzen.

● Manche Farne, etwa die *Steinfeder (Asplenium trichomanes)*, fühlen sich auch im Steingarten wohl. Man kann sie daher gut mit Polsterstauden (Seite 85) kombinieren und erhält auf diese Weise ein buntgetupftes Beet.

● Zum Verwildern neigt der *Straußfarn (Matteuccia struthiopteris)*, dessen Wedel bis zu einem Meter hoch werden.

● Farne verschönern Ihren Garten auch im Winter. Die Wedel bleiben nämlich bis zum Frühjahr an der Pflanze und schützen sie so vor Kälte. Der *Rippenfarn (Blechnum)* ist sogar wintergrün. Im Frühjahr sollten Sie dann bei allen Farnen die abgestorbenen Wedel abschneiden.

● Farne blühen nicht, d.h., sie pflanzen sich nicht durch Samen fort, sondern durch Sporen. Vermehren können Sie die meisten Farne durch Teilung (Seite 118); das ist einfacher als die Anzucht durch Sporen.

Farn

Stauden, die es schattig mögen

Wenn Sie in Ihrem Garten vor allem Halbschatten- oder sogar Schattenplätze haben, müssen Sie jedoch nicht auf Blühendes verzichten – im Gegenteil: Manche Pflanzen lieben die Sonne gar nicht so sehr und brauchen deshalb auch keine direkte Bestrahlung zum Wachsen und Gedeihen. Meist haben die Schattenblüher eher hellgrüne Blätter und strahlendhelle Blüten, so daß sie in schattigen Gartenecckhen besonders ins Auge fallen.

Buschwind-röschen

Pflanze Botanischer Name	Blütenfarbe	Blütezeit	Besonderheit
Aronstab Arum-Arten	weiß-grün	Mai bis Juni	rote Früchte, giftig!
Bergenie Bergenia-Arten	weiß, rosa, rot	April bis Mai	immergrün, viele Sorten
Buschwindröschen Anemone nemorosa	weiß	April bis Mai	giftig!
Christophskraut Actea-Arten	weiß	Mai bis Juni	hübsche Früchte, giftig!
Christrose Hellborus niger	weiß, grün	Januar bis April	Winterblüher, giftig!
Elfenblume Epimedium-Arten	weiß, gelb, rot	April bis Mai	zartblättriges Laub
Geißbart Aruncus dioicus	weiß	Mai bis August	große Staude
Günsel Ajuga reptans	blau	April bis Mai	guter Bodendecker
Leberblümchen Hepatica nobilis	blau	März bis April	Bodendecker
Maiglöckchen Convallaria majalis	weiß	Mai	duftet stark, giftig!
Silberkerze Cimicifuga-Arten	weiß	Juli bis Oktober	zierliche Blütenkerzen
Waldmeister Galium odoratum	weiß	Mai	für die Maibowle

September
der
Herbstmond

Nach dem römischen Kalender ist der September der siebte Monat (lat. septem = sieben). Die Sieben als heilige Zahl ist bei allen Völkern der Erde bekannt. So erschuf Gott die Welt in sieben Tagen, und auch die Woche hat sieben Tage.

Für Katholiken ist Mariä Geburt am 8. September ein wichtiger Festtag. Er wird auch als »Kleiner Frauentag« bezeichnet (im Gegensatz zum »Großen Frauentag« am 15. August, Mariä Empfängnis). In den Anfängen der christlichen Kirche war die Rolle der Muttergottes sehr umstritten. Der Kirche war durchaus klar, daß das Volk in Maria eigentlich weiterhin die große Fruchtbarkeitsgöttin sah, und diese deshalb so verehrt wurde.

Das finden Sie im September

Septemberkalender

1.	Ägisius, Alois, Ruth, Verena	
2.	Emmerich, Franz Urban, Ingrid	
3.	Gregor der Große, Sophie	
4.	Ida von Herzfeld, Iris, Rosa, Rosalia	
5.	Bertin, Justinian, Maria Theresia von Wüllenweber	
6.	Alexius, Bernhardin, Eskil, Gundolf, Theobald	
7.	Dietrich I., Judith, Madelberta, Markus Stephan, Regina	
8.	Alan, Franz, Korbinian, Sergius I.	
9.	Otmar, Orthold, Gorgonius	
10.	Nikolaus von Tolentino, Pulcherie, Theodard	
11.	Adelmar, Jodokus, Protus, Willbert von Köln	
12.	Degenhard, Guido, Mariä Namen, Maximin, Silvian, Syrus	
13.	Amatus, Tobias, Notburga	
14.	Johannes Chrysostomus	
15.	Avia, Dolores, Ludmila, Melitta, Melissa, Oranna, Roland	
16.	Cyprian, Edith, Julia, Kornelius, Martin I.	
17.	Ariadne, Hildegard von Bingen, Lambert	
18.	Richardis, Thomas, Titus	
19.	Arnulf, Bertold, Igor, Januarius, Luzia, Sidonia	
20.	Eustachius, Fausta	
21.	Deborah, Jonas, Matthäus, Maura	Schwendtag
22.	Emmeram, Gunthild, Mauritius, Otto	Schwendtag
23.	Basin, Gerhild von Konstanz, Linus, Thekla	Schwendtag
24.	Gerhard, Mercedes, Rupert von Worms, Virgil	Schwendtag
25.	Firmin, Gottfried, Kleophas	Schwendtag
26.	Damian, Eugenia, Kaspar	Schwendtag
27.	Dietrich I., Hiltrud von Hennegau, Vinzenz	Schwendtag
28.	Adelrich, Dietmar, Erhard, Wenzel	Schwendtag
29.	Gabriel, Michael, Raphael	
30.	Agape, Hieronymus, Sophie, Urs, Viktor	

Wurzeltag = ♉ ♍ ♑   Blattag = ♓ ♋ ♏   Blütentag = ♒ ♊ ♎   Fruchttag = ♈ ♌ ♐

	2001	2002	2003	2004	2005	2006	2007
1.	Sa ☽ ♒	So ☾ ♊	Mo ☽ ♏	Mi ☾ ♈	Do ☾ ♌	Fr ☽ ♐	Sa ☾ ♉
2.	So ○ ♓	Mo ☾ ♋	Di ☽ ♏	Do ☾ ♈	Fr ☾ ♌	Sa ☽ ♐	So ☾ ♉
3.	Mo ☾ ♓	Di ☾ ♋	Mi ☽ ♐	Fr ☾ ♉	Sa ● ♍	So ☽ ♑	Mo ☾ ♊
4.	Di ☾ ♓	Mi ☾ ♌	Do ☽ ♐	Sa ☾ ♉	So ☾ ♍	Mo ☽ ♑	Di ☾ ♊
5.	Mi ☾ ♈	Do ☾ ♌	Fr ☽ ♑	So ☾ ♉	Mo ☽ ♎	Di ☽ ♒	Mi ☾ ♊
6.	Do ☾ ♈	Fr ☾ ♍	Sa ☽ ♑	Mo ☾ ♊	Di ☽ ♎	Mi ☽ ♒	Do ☾ ♋
7.	Fr ☾ ♉	Sa ● ♍	So ☽ ♒	Di ☾ ♊	Mi ☽ ♎	Do ○ ♓	Fr ☾ ♋
8.	Sa ☾ ♉	So ☽ ♎	Mo ☽ ♒	Mi ☾ ♋	Do ☽ ♏	Fr ☽ ♓	Sa ☾ ♌
9.	So ☾ ♊	Mo ☽ ♎	Di ☽ ♓	Do ☾ ♋	Fr ☽ ♏	Sa ☽ ♈	So ☾ ♌
10.	Mo ☾ ♊	Di ☽ ♏	Mi ○ ♓	Fr ☾ ♋	Sa ☽ ♐	So ☽ ♈	Mo ☾ ♍
11.	Di ☾ ♊	Mi ☽ ♏	Do ☾ ♓	Sa ☾ ♌	So ☽ ♐	Mo ☾ ♉	Di ● ♍
12.	Mi ☾ ♋	Do ☽ ♐	Fr ☾ ♈	So ☾ ♌	Mo ☽ ♑	Di ☾ ♉	Mi ☽ ♍
13.	Do ☾ ♋	Fr ☽ ♐	Sa ☾ ♈	Mo ☾ ♍	Di ☽ ♑	Mi ☾ ♊	Do ☽ ♎
14.	Fr ☾ ♌	Sa ☽ ♐	So ☾ ♉	Di ● ♍	Mi ☽ ♒	Do ☾ ♊	Fr ☽ ♎
15.	Sa ☾ ♌	So ☽ ♑	Mo ☾ ♉	Mi ☽ ♎	Do ☽ ♒	Fr ☾ ♋	Sa ☽ ♏
16.	So ☾ ♍	Mo ☽ ♑	Di ☾ ♉	Do ☽ ♎	Fr ☽ ♓	Sa ☾ ♋	So ☽ ♏
17.	Mo ● ♍	Di ☽ ♒	Mi ☾ ♊	Fr ☽ ♎	Sa ☽ ♓	So ☾ ♋	Mo ☽ ♏
18.	Di ☽ ♎	Mi ☽ ♒	Do ☾ ♊	Sa ☽ ♏	So ○ ♈	Mo ☾ ♌	Di ☽ ♐
19.	Mi ☽ ♎	Do ☽ ♓	Fr ☾ ♋	So ☽ ♏	Mo ☾ ♈	Di ☾ ♌	Mi ☽ ♐
20.	Do ☽ ♏	Fr ☽ ♓	Sa ☾ ♋	Mo ☽ ♐	Di ☾ ♈	Mi ☾ ♍	Do ☽ ♑
21.	Fr ☽ ♏	Sa ○ ♈	So ☾ ♋	Di ☽ ♐	Mi ☾ ♉	Do ☾ ♍	Fr ☽ ♑
22.	Sa ☽ ♐	So ☾ ♈	Mo ☾ ♌	Mi ☽ ♑	Do ☾ ♉	Fr ● ♍	Sa ☽ ♒
23.	So ☽ ♐	Mo ☾ ♈	Di ☾ ♌	Do ☽ ♑	Fr ☾ ♊	Sa ☽ ♎	So ☽ ♒
24.	Mo ☽ ♑	Di ☾ ♉	Mi ☾ ♍	Fr ☽ ♒	Sa ☾ ♊	So ☽ ♎	Mo ☽ ♒
25.	Di ☽ ♑	Mi ☾ ♉	Do ☾ ♍	Sa ☽ ♒	So ☾ ♋	Mo ☽ ♏	Di ☽ ♓
26.	Mi ☽ ♑	Do ☾ ♉	Fr ● ♎	So ☽ ♓	Mo ☾ ♋	Di ☽ ♏	Mi ○ ♓
27.	Do ☽ ♒	Fr ☾ ♊	Sa ☽ ♎	Mo ☽ ♓	Di ☾ ♋	Mi ☽ ♏	Do ☾ ♈
28.	Fr ☽ ♒	Sa ☾ ♊	So ☽ ♏	Di ○ ♈	Mi ☾ ♌	Do ☽ ♐	Fr ☾ ♈
29.	Sa ☽ ♓	So ☾ ♋	Mo ☽ ♏	Mi ☾ ♈	Do ☾ ♌	Fr ☽ ♐	Sa ☾ ♉
30.	So ☽ ♓	Mo ☾ ♋	Di ☽ ♐	Do ☾ ♉	Fr ☾ ♍	Sa ☽ ♑	So ☾ ♉

Wetter- und Bauernregeln

D er Frühherbst reicht bei uns vom Beginn der Herbstzeitlosenblüte Ende August bis zur Aussaat des Winterroggens am 30. September. Am 1. September, dem Verenentag, beginnt nach alter Überlieferung der Herbst. Schönes Wetter an diesem Tag prophezeit einen langen und milden Herbst mit spätem Winterbeginn. Septembergewitter deutet man als Vorzeichen für eine reichliche Obst- und Weinernte.

Im allgemeinen gilt der September als zuverlässiger Schönwettermonat. Kaum einmal ist es jetzt schon kalt und unfreundlich – im Gegenteil: Spätsommer und Frühherbst treffen in diesem Monat aufeinander. Das meist stabile Wetter kommt von dem hohen Luftdruck, der sich um diese Jahreszeit häufig über Deutschland festsetzt. Milde Luft ist das typische Kennzeichen für den Altweibersommer, wie diese Jahreszeit bei uns auch genannt wird.

Bauer und Gärtner wünschen sich im September vor allem Wärme, denn nur dann kann die Saat – z.B. der Roggen – gut auskeimen. Schlecht für den Winzer ist Regen, besonders zum Ende des Monats hin. Das besagt auch eine Bauernregel: »Wenn Matthäus (21.) weint statt lacht, aus dem Wein er Essig macht.« Stürmt es gar an diesem Tag, so war jedenfalls früher auf dem Lande jedem klar: »Tritt Matthäus stürmisch ein, wird's bis Ostern Winter sein.«

● Weitere Bauernregeln für den September: Ist's an Sankt Ägidi (1.) rein, wird's so bis Michaeli (29.) sein. Ist Regina (7.) warm und wonnig, bleibt das Wetter lange sonnig. Regnet's am Sankt-Gorgons-Tag (9.), geht die Ernte verloren bis auf den Sack. Wenn's an Protus (11.) nicht näßt, ein dürrer Herbst sich erwarten läßt. An Mariä Namen (12.) sagt der Sommer Amen. Trocken wird das Frühjahr sein, ist Sankt Lambert (17.) klar und rein. Wetter, das an Matthäi (21.) klar, bringt guten Wein im andern Jahr. Nebelt's an Sankt Kleophas (25.), wird der ganze Winter naß. Regnet's sanft am Michaelstag (29.), sanft der Winter werden mag. So viel' Fröste vor Sankt Wenzeslau (28.) fallen, so viel' folgen nach Philippi (1. Mai) und Jakobi (25. Juli).

Volksglaube

Am 1. September soll der Überlieferung nach der Untergang von Sodom und Gomorrha stattgefunden haben. In manchen Gegenden gilt der Monatsbeginn deshalb als Unglückstag.

Der Name »Altweibersommer« kommt von den silbrig-glänzenden Fäden, die jetzt von den jungen Krabbenspinnen in die Luft geschossen werden und an das Silberhaar von alten Damen erinnern. In den alten Mythen galten die Spinnweben als Lebensfäden, die von den Schicksalsgöttinnen, den Nornen, gesponnen werden.

»Um Maria Geburt (8.) fliegen die Schwalben furt«, besagt eine alte Bauernregel. Beobachtungen zeigen: Etwa um die Mitte des Monats machen sich die Schwalben wirklich auf den Weg in den Süden. Überlieferungen behaupten, je früher die Schwalben ihren Zug beginnen, um so früher würde der Winter einsetzen. Fliegen sie dagegen erst spät im Jahr, kommt auch der Winter spät.

Was jetzt im Garten blüht

Zur Herbstblume schlechthin ist die Aster geworden: Ihre reiche Sorten- und Farbvielfalt macht sie neben der Dahlie (Seite 144) zu einer der beliebtesten Pflanzen überhaupt. Im Garten sind die hohen Sorten bis 150 Zentimeter ein schöner Blickfang, doch auch für Balkon und Terrasse sind Astern bestens geeignet: Hier können Sie auf kleinwüchsige Sorten zurückgreifen, die nur 25 Zentimeter hoch werden.

Was neben den Herbstastern jetzt noch blüht, sehen Sie auf der nächsten Seite.

Wie alle Stauden werden auch die herbstblühenden Astern im Frühjahr oder im Herbst gepflanzt (Seite 55).

Aster

Die schönsten Herbststauden

Pflanze	Blütenfarbe	Wuchshöhe	Blütezeit	Standort
Eisenhut Aconitum xarendis	blau	60 – 90 cm	Sept. – Okt.	Halbschatten
Fallschirm-Rudbeckie Rudbeckia nitida	gelb	180 – 200 cm	Juli – Sept.	Sonne
Fetthenne Sedum telephium	rot	40 – 50 cm	Sept. – Okt.	Sonne
Gelenkblume Physostegia virginiana	weiß, rot, violett	60 – 110 cm	Juli – Okt.	Sonne bis Halbschatten
Glattblattaster Aster novi-belgii	breite Farbpalette	70 – 50 cm	Sept. – Okt.	Sonne
Herbstchrysantheme Dendranthema-Grandiflorum	weiß, rosa, rot, gelb, orange	40 – 60 cm	Aug. – Okt.	Sonne
Japananemone Anemone-Japonica-Hybriden	rosa, weiß	50 – 70 cm	Sept. – Okt.	Halbschatten bis Schatten
Kissenaster Aster dumosus	weiß, rosa, rot, blau, violett	20 – 40 cm	Aug. – Okt.	Sonne
Krötenlilie Tricyrtis hirta	rot, violett	50 – 70 cm	Aug. – Okt.	Halbschatten bis Schatten
Myrtenaster Aster ericoides	weiß, blau	90 – 20 cm	Sept. – Okt.	Sonne
Prachtscharte Liatris spicata	weiß, violett	60 – 80 cm	Juli . – Okt.	Sonne
Rauhblattaster Aster novae-angliae	weiß, rosa, rot, blau, violett	80 – 50 cm	Sept. – Okt.	Sonne
Silberkerze Cimicifuga-Arten	weiß	40 – 200 cm	Aug. – Okt.	Halbschatten bis Schatten
Sonnenhut Rudbeckia laciniata	gelb, rot	180 – 200 cm	Juli. – Okt.	Sonne bis Halbschatten

Pflanze des Monats: Der Herbstkrokus

Im Februar freut sich jeder über die *Krokusse* als erste zarte Frühlingsvorboten. Jetzt im Herbst gibt es sie wieder – die Herbstkrokusse: Neben den (giftigen!) *Herbstzeitlosen (Colchicum)* sind sie ein schöner Blickfang auf dem nun schon etwas schütter gewordenen Rasen (Abbildung Seite 152). Besonders schön sind die Sorten *Crocus banaticus* und *Crocus speciosus:* Sie blühen, wenn nicht gerade früher Frost herrscht, bis in den Dezember hinein. Herbstkrokusse müssen im Sommer (Juli/August) gepflanzt werden und mögen es sonnig. Erst wenn sie verblüht sind und ihr Laub verwelkt ist, sollten Sie den Rasen zum letzten Mal mähen.

Wenn Sie darüber hinaus auch im Frühling zarte Krokusblüten haben möchten, müssen Sie jetzt pflanzen:

Ein weitere Herbstkrokussorte, die ebenfalls am besten an einem warmem, sonnigen Standort gedeiht, ist der Crocis sativus, aus dessen Staubblättern der Safran-Farbstoff gewonnen wird.

Pflanzzeit für Zwiebelblumen

Damit Sie sich im nächsten Jahr über *Winterling, Schneeglöckchen, Krokusse, Narzissen, Märzenbecher, Hyazinthen, Gladiolen, Tulpen* und *Lilien* freuen können, müssen Sie vorarbeiten. Der frühe Herbst ist die beste Zeit, um alle frühlingsblühenden Zwiebel- und Knollenblumen in die Erde zu bringen. Dafür müssen Sie zunächst den

● Boden vorbereiten: Entscheidend für den Erfolg ist der Boden Ihres Gartens (dasselbe gilt für die Erde auf der Terrasse und im Balkonkasten). Wichtig ist, daß die Erde durchlässig ist und keine Staunässe entstehen kann, sonst bekommen Ihre Zwiebeln und Knollen »nasse Füße« und beginnen zu faulen.

Wenn Sie einen sehr schweren Boden im Garten haben, sollten Sie ihn mit einer Schicht Sand, feinem Splitt oder auch Ziegelscherben auflockern. Diese Drainagematerialien bringen Sie in das Pflanzloch ein und schütten dann Erde darauf.

● Pflanzen: Legen Sie die Knolle oder Zwiebel mit der richtigen Seite nach unten; Triebknospe bzw. Spitze gehören immer

Tulpe

Gladiolen

nach oben! (Vor allem bei *Krokus* und *Winterling* ist das manchmal gar nicht leicht zu erkennen. Dann suchen Sie am besten nach den feinen Wurzelresten oder nach den gelblichweißen Verdickungen der Triebknospen.) Danach bedecken Sie die Zwiebeln oder Knollen mit Erde.

● Pflanztiefe: Als Faustregel gilt, daß Zwiebeln und Knollen in leichten Böden etwa doppelt so hoch, in schweren Böden nur ebenso hoch mit Erde bedeckt sein sollen, wie sie selbst hoch sind.

● Pflanzabstand: Der Pflanzabstand richtet sich nicht nach der Zwiebelgröße, sondern nach der späteren Größe der Pflanze.

● Einzeln pflanzen: Große Zwiebeln und Knollen (z.B. *Hyazinthen, Tulpen, Gladiolen*) werden immer einzeln eingepflanzt, d.h., Sie müssen für jede ein eigenes Pflanzloch ausheben. Das geht schnell (und leicht), wenn Sie einen Zwiebelpflanzer benutzen, der mit einem Griff ein zylindrisches Loch aussticht.

● In Gruppen pflanzen: Kleinere Zwiebeln und Knollen (z.B. *Krokus, Winterling)* können auch in Gruppen gepflanzt werden: Heben Sie dazu ein größeres Pflanzloch mit entsprechender Tiefe aus, verteilen Sie die Zwiebeln und Knollen darin und decken Sie anschließend wieder alles mit Erde ab.

● Zum Schluß müssen alle frisch gesetzten Blumenzwiebeln gegossen werden.

Das Obstlager für den Winter

Wenn Sie Äpfel und Birnen einlagern möchten – je nach Sorte können sich die Früchte bis Februar/März halten –, sollten Sie folgendes beachten:

● Optimal sind 4 bis 5° C Raumtemperatur bei 80 bis 90% Luftfeuchtigkeit, also ein kühler Kellerraum oder auch eine frostsichere Garage.

● Legen Sie ausschließlich gesunde Früchte einzeln in Stellagen (am besten aus Holz).

● Kontrollieren Sie das Obst regelmäßig auf schadhafte Stellen. Sondern Sie diese Früchte aus!

160

Zeigerpflanzen für den Gartenboden

Wenn Ihr Garten auf dem Gelände einer ehemaligen Fabrik oder Mülldeponie liegt, sollten Sie auf jeden Fall eine Bodenuntersuchung auf giftige Schwermetalle durchführen lassen. So können Sie sichergehen, daß Sie mit Ihrem selbstangebauten Biogemüse keine Schadstoffe zu sich nehmen. Eine solche Bodenprobe kann man in vielen Städten und Gemeinden durchführen lassen. Die Einzeluntersuchung kostet zwischen 30 und 80 Mark.

Gänseblümchen

Ansonsten genügt es, wenn Sie den Zustand Ihres Gartenbodens kennen, z.B. den pH-Wert – ob der Boden sauer oder basisch ist – oder ob Staunässe oder Trockenheit vorliegt und wie es mit dem Stickstoffgehalt aussieht. Bestimmte Wildkräuter (»Zeigerpflanzen«), die in Ihrem Garten auftauchen, sagen Ihnen, welche Beschaffenheit die Boden in Ihrem Garten hat:

Zeigerpflanze	Welcher Boden?
Ackerstiefmütterchen, Hederich, Kleiner Sauerampfer, Ackerschachtelhalm	pH-Wert unter 7; kalkarmer, saurer Boden
Ackersenf, Ackersteinsame, Huflattich, Gartenwolfsmilch	pH-Wert über 7; kalkreicher, basischer Boden
Ackerminze, Binse, Gänsefingerkraut, Kriechender Hahnenfuß	stauende Nässe
Ackerkratzdistel, Ackervergißmeinnicht, Efeu-Ehrenpreis, Erdrauch	gut durchlüfteter, feuchter bis frischer, bester Gartenboden
Feldbeifuß, Weiße Lichtnelke, Saatwucherblume	lockerer, leichter Boden
Schierlingsreiherschnabel, Schnittkresse, Sichelmöhre	austrocknender, steiniger Boden
Breitwegerich, Fuchsschwanz, Strahlenlose Kamille	schwerer, verdichteter Boden
Hasenklee, Einjähriger Knäuel, Frühlingsspörgel, Wilde Möhre	stickstoffarmer Boden
Mehrjähriges Gänseblümchen, Rainfarn, Löwenzahn, Schafgarbe	mittlerer Stickstoffgehalt
Kleine Brennessel, Gemeines Kreuzkraut, Rote und Weiße Taubnessel	stickstoffreicher Boden

Was im September zu tun ist

Allgemeines

- Nur noch bei länger anhaltender Trockenheit gießen
- Unkraut jäten (nicht mehr so häufig, es wächst nicht mehr so schnell nach)
- Immergrüne Nadel- und Laubgehölze pflanzen (Seite 164)

Ziergarten

- Immergrüne Hecken schneiden (Seite 40)
- Blumenwiese spätestens jetzt zum zweitenmal mähen (Seite 75)
- Zweijährige Sommerblumen pflanzen (Seite 39)
- Frühlingsblühende Zwiebel- und Knollenblumen pflanzen (Seite 159)
- Herbststauden aufbinden (Seite 158)
- Stauden teilen (Seite 55)
- Sommerblühende Stauden pflanzen (Seite 55)

Gemüsegarten

- Ins Freie aussäen (Seite 112): Feldsalat, Spinat, Winterzwiebeln
- Unter Glas aussäen (Seite 38): Kopfsalat, Endivien, Feldsalat, Radieschen, Frühlingszwiebeln
- Rhabarber pflanzen
- Lauch anhäufeln (Seite 189)
- Folienhauben bei Tomaten anbringen, dann reifen sie schneller (Seite 37)
- Mehrjährige Gewürzkräuter (Seite 88) teilen (Seite 118)
- Brachflächen mit Gründüngungspflanzen ansäen (Seite 89)
- Ernten: Salate, Radieschen, Spätkartoffeln, Spätmöhren, Lauch, Herbstkohl, Bohnen, Fruchtgemüse

Obstgarten

- Beeren- und Haselnußsträucher (Containerware) pflanzen (Seite 164)
- Steckhölzer von Johannisbeeren schneiden (Seite 40)
- Ernten: Äpfel, Birnen, Herbsthimbeeren, Brombeeren, Walnüsse, Haselnüsse, Holunderbeeren
- Himbeeren nach der Ernte auslichten (ca. 12 kräftige Triebe pro Meter reichen aus)
- Obstlager vorbereiten (Seite 160)
- Abgeblühte Stauden zurückschneiden (Seite 55)

Balkon

- Stauden teilen (Seite 118)
- Zweijährige Pflanzen (z.B. Stiefmütterchen) pflanzen (Seite 39)
- Gewürzpflanzen (Seite 88) durch Teilung verjüngen (Seite 118)

Sonstiges

- Gerade noch möglich: Rasensaat (Seite 74)
- Gehölzpflanzungen planen und Gehölze bestellen

Giftpflanzen im Garten

Rittersporn

Viele Gartenpflanzen – und leider oft die hübschesten – sind giftig: manchmal nur die Blätter, manchmal die Wurzeln, oft die Früchte. Vor allem wenn Kinder den Garten nutzen, sollten Sie auf diese Gewächse verzichten. Aber auch wenn Sie keine Kinder haben: Als Gartenbesitzer sind Sie rechtlich gesehen dazu verpflichtet, dafür zu sorgen, daß Ihr Garten keine Gefahrenquelle bildet. Sie dürfen zwar durchaus giftige Pflanzen haben, jedoch nicht gerade an einer Stelle, an der täglich Kinder vorbeigehen. Aus der Tabelle auf Seite 151 können Sie ersehen, daß viele der schattenliebenden Stauden auch giftig sind. Darüber hinaus gibt es jedoch noch eine ganze Reihe weiterer giftiger Pflanzen:

- *Bilsenkraut (Hyoscyamus niger):* alle Pflanzenteile
- *Eisenhut (Aconitum):* alle Pflanzenteile, besonders die Wurzeln
- *Engelstrompete (Datura):* alle Pflanzenteile
- *Fingerhut (Digitalis):* alle Pflanzenteile
- *Goldregen (Laburnum anagyroides):* alle Pflanzenteile, besonders der Samen ist sehr giftig!
- *Herbstzeitlose (Colchicum):* alle Pflanzenteile
- *Hundspetersilie (Aethusa cynapium):* alle Pflanzenteile
- *Pfaffenhütchen (Euonymus europaeus):* alle Pflanzenteile, besonders die Früchte
- *Rittersporn (Delphinium):* alle Pflanzenteile
- *Schlangenwurz (Calla palustris):* alle Pflanzenteile
- *Schöllkraut (Chelidonium majus):* alle Pflanzenteile
- *Seidelbast (Daphne mezereum):* alle Pflanzenteile, besonders die Früchte
- *Tollkirsche (Atropa belladonna):* alle Pflanzenteile, besonders die Früchte
- *Wacholder (Juniperus):* alle Pflanzenteile, besonders die Triebspitzen
- *Wolfsmilch (Euphorbia):* alle Pflanzenteile.

163

Gehölze pflanzen

Der Herbst ist neben dem Frühjahr die beste Zeit zum Pflanzen von neuen Obst- und Ziergehölzen:

● Pflanzgrube vorbereiten: Das Loch sollte im Durchmesser etwa doppelt so groß sein wie die Wurzeln samt Ballen. Wichtig ist auch, daß die Grube tief genug ist. Als Faustregel gilt: Das Gehölz muß in Ihrem Garten ebenso tief stehen, wie es in der Baumschule stand. Lockern Sie anschließend die Erde auf – auch am Grund, damit die Pflanze besser wurzeln kann.

● Einpflanzen: Setzen Sie nun das (vorbereitete) Gehölz in die Grube – bei veredelten Zier- und Obstgehölzen muß die Veredelungsstelle über dem Boden liegen –, und füllen Sie das Loch wieder mit Erde auf.

Zwischendurch sollten Sie immer wieder leicht an der Pflanze rütteln, damit sich die Erde besser verteilt. Nach dem Auffüllen treten Sie die Erde vorsichtig fest und formen dabei gleich eine Gießmulde, denn anschließend muß gründlich gegossen werden. Eine Mulchschicht (Seite 93) schließt die Arbeit ab.

● Stützen: Hochstämme müssen Sie stets mit einem Pfahl stützen, zumindest in den ersten Jahren. Den Pfahl sollten Sie jedoch in den Boden schlagen, bevor Sie den Baum setzen, um eine Verletzung der Wurzeln von vornherein auszuschließen. Anschließend verbinden Sie das Gehölz mit dem Pfahl mittels eines Kokosstricks.

Wenn Sie Ihre Gehölze im Gartencenter oder in der Baumschule kaufen, können Sie zwischen drei Varianten wählen: Gehölze/ Bäumchen mit und ohne Wurzelballen sowie Containerware.

● Containerware: Sie ist am leichtesten zu handhaben. Die Gehölze stehen meist mit großem Wurzelballen in einem Topf. Heben Sie die Pflanze einfach aus dem Topf und setzen Sie sie vorsichtig in das vorbereitete Pflanzloch.

● Gehölze mit Ballen: Hier ist der Wurzelballen meist mit Sackleinen oder Jute umwickelt. Setzen Sie die Pflanze mit dem

Ballen in das vorbereitete Pflanzloch, wobei Sie nur die Verschnürung am Stamm lösen und den Stoff ausbreiten. Er muß nicht entfernt werden und verrottet mit der Zeit.

● Gehölze ohne Ballen: Sie sind zwar meist preiswerter als die anderen beiden Varianten, machen dafür aber auch mehr Arbeit vor dem Einpflanzen: Tauchen Sie das Gehölz zunächst für ein paar Stunden ins Wasserbad. Schneiden Sie anschließend Triebe und Wurzeln um die Hälfte zurück, damit das Wurzelwachstum angeregt wird. Erst dann setzen Sie den Baum oder Strauch in das vorbereitete Pflanzloch.

Kräutervorrat für den Winter

Welche Kräuter am besten schmecken und wie Sie sie auf dem Balkon oder im Beet selbst anbauen, haben Sie auf Seite 88 erfahren. Damit Sie auch im Winter stets ausreichend Kräuter für die Küche und/oder die Hausapotheke (Seite 167) parat haben, sollten Sie bei der Kräuterernte folgendes beachten:

● Nehmen Sie nur gesunde Pflanzen, die nicht von Schädlingen befallen oder von Schnecken angefressen sind.

● Die beste Sammelzeit für Kräuter ist der späte Vormittag oder die Mittagszeit, d.h., die Pflanzen sollten nicht mehr vom Tau bedeckt sein. Wurzeln dagegen sammeln Sie besser frühmorgens.

● Wenn Sie die Kräuter für Heilzwecke nutzen wollen, sammeln Sie sie nicht an Regentagen oder bei Nebel.

● Halten Sie die gesammelten Kräuter sortiert.

Rosmarin

Kräuter trocknen

Früher war Trocknen die einzige Möglichkeit, um Kräuter zu konservieren. Wenn Sie Ihre Garten- oder wildwachsende Kräuter ebenfalls trocknen wollen, gelten folgende Regeln:

● Der Trockenplatz sollte nicht zugig sein, wohl aber luftig. Am besten geeignet ist ein trockener Dachboden oder ein gut belüfteter Kellerraum, ungeeignet ein Trockenplatz in der Sonne.

Traditionell wurden die Kräuter bündelweise zusammengeschnürt und kopfüber oder auf einem Gestell über dem Ofen getrocknet. So taten es jedenfalls unsere Großmütter auf dem Lande.

Mit der Petersilie hat es dem Volksglauben nach eine besondere Bewandtnis: Ging die Saat nicht auf, glaubte man früher, daß ein Familienmitglied bald sterben müsse. Petersilie sollte man auch nicht verpflanzen, denn das brachte Unglück. Gedieh sie gut, konnte man mit Nachwuchs im Hause rechnen. Fütterte man die Küken damit, waren sie gegen Hexerei gefeit. Schlug die Petersilie ungewöhnlich lange Wurzeln, stand ein langer, harter Winter bevor. Und wer bei der Aussaat von Petersilie lachte, konnte sicher sein, daß sie gut gedieh...

● Kräuter für die Küche trocknen Sie am besten bundweise auf großen Tabletts.

● Kräuter, die Sie zu Heilzwecken nutzen wollen, werden in nur einer Schicht auf dem Tablett ausgelegt und mit Mull abgedeckt, damit sie nicht verstauben.

● Schneller geht das Trocknen, wenn Sie die Tabletts in die Nähe des leicht erwärmten Ofens stellen – aber nicht zu nah! Die Kräuter müssen knisternd trocken sein, aber noch grüne Farbe zeigen. Werden sie braun, war die Hitze zu groß; sowohl Geschmack als auch Heilwirkung sind dann beeinträchtigt.

● Lassen Sie die Kräuter nach dem Trocknen auf keinen Fall mit Feuchtigkeit in Berührung kommen: Sie werden sonst modrig und können sogar schimmeln.

● Sobald die Pflanzen getrocknet sind, müssen sie so schnell wie möglich an ihrem endgültigen Platz gelagert werden:

• Zerreiben Sie die Kräuter zwischen den Händen auf einem sauberen Papier.

• Geben Sie sie in (beschriftete) Gläser mit Schraubverschluß, Dosen oder Pappschachteln zur Aufbewahrung.

Kräuter einfrieren

Kräuter, die Sie zum Würzen und Kochen in der Küchen verwenden wollen, können Sie auch tiefgefrieren. Auf diese Weise behalten sie ihren guten Geschmack, und Sie haben den ganzen Winter über frischen Vorrat.

● Waschen Sie die frischen Kräuter gründlich und tupfen Sie sie mit einem Küchentuch vorsichtig trocken.

Majoran

● Geben Sie die Kräuter in einen geeigneten Plastikbeutel und lassen Sie die Kräuter in der Gefriertruhe tiefgefrieren.

● Nehmen Sie den Beutel heraus und rollen Sie einige Male mit der Kuchenrolle darüber. Die Kräuter brechen dabei in kleinste Stückchen und Sie können sie nach Bedarf portionsweise entnehmen.

Die Heilkräuter-Hausapotheke

Heilkraut	Botanischer Name	Wirkung
Anis	Pimpinella anisum	blähungshemmend, beruhigend, schlaffördemd
Basilikum	Ocimum basilicum	appetitanregend, magenberuhigend, verdauungsfördemd, stoffwechselfördemd
Beifuß	Artemisia vulgaris	magenstärkend, galleanregend
Bohnenkraut	Satureja hortensis	verdauungsfördemd, magen- und darmberuhigend
Borretsch	Borago officinalis	stimmungsaufhellend, blutreinigend, stoffwechselfördemd
Dill	Anetum graveolens	blähungshemmend, nervenberuhigend, schlaffördemd
Dost	Origanum vulgare	entkrampfend, magen- und galleberuhigend, appetitanregend
Estragon	Artemisia dracunculus	appetitanregend, magenberuhigend, entkrampfend, entwässemd
Kerbel	Anthriscus cerefolium	blutbildend, blutreinigend, stoffwechselfördemd, entwässemd
Knoblauch	Allium sativum	keimtötend (pflanzliches Antibiotikum), vorbeugend gegen Arteriosklerose, magen- und darmberuhigend
Kresse	Lepidium sativum	magenstärkend, galle-, nieren und leberanregend, blutbildend, vorbeugend gegen Arteriosklercse
Majoran	Majorana hortensis	appetitanregend, beruhigend, verdauungsfördemd (fettes Essen wird bekömmlicher)
Petersilie	Petroselinum crispum	stark entwässemd
Pfefferminze	Mentha x piperita	erfrischend-kühlend, magenberuhigend, lindert Kopfweh
Pimpernelle	P mpinella saxifraga	Erkältungsmittel, galle-, leber- und nierenanregend
Rosmarin	Rosmarinus officinalis	beruhigend, herz-, kreislauf- und nervenstärkend, lindert Kopfweh
Salbei	Salvia officinalis	entzündungshemmend, verdauungsfördemd, magenberuhigend
Schnittlauch	Allium schoenoprasum	hamtreibend, verdauungsfördemd
Thymian	Thymus vulgaris	beruhigend, entwässemd, fiebersenkend, verdauungsfördemd (fettes Essen wird bekömmlicher)
Zitronenmelisse	Melissa officinalis	belebend, entspannend, appetitanregend, magenberuhigend

Oktober
der
Weinmond

Der Oktober als achter Monat des altrömischen Kalenderjahrs ist der Monat des Weins und der letzten Ernte. Am ersten Sonntag im Oktober feiert man das Erntedankfest, um das sich viele mythische Sagen ranken – etwa von den Korndämonen, die sich nach Regengüssen auf der Erde einnisteten und – je nach Region – fruchtbare oder aber zerstörerische Eigenschaften besaßen. Aus heidnischer Zeit stammt auch der Glaube an einen Erntegott, dem man mit Opfergaben für eine gute Ernte dankte, dem man aber auch opfern mußte, wenn sie schlecht ausgefallen war, um ihn für das nächste Jahr gnädig zu stimmen.

Die Kirchweih Mitte Oktober war früher eines der wichtigsten Bauern-

feste. Eine gute Kirchweih dauerte mindestens drei Tage, wie auch ein alter Spruch besagt: »A richtiger Kirta dauert bis Irta. Es ko se a schicka, bis zum Migga.« (»Eine richtige Kirchweih dauert bis Dienstag. Es kann sich auch hinauszögern bis zum Mittwoch.«)

*Waage
vom 24. September
bis zum 23. Oktober*

Das finden Sie im Oktober

Oktoberkalender

1.	Emanuel, Platon, Remigius, Theresia, Werner	
2.	Hermann, Jakob, Leodegar, Petrus	
3.	Ewald, Lutger, Niketius	Schwendtag
4.	Edwin, Edelburg, Franziskus von Assisi, Theresia	
5.	Anna, Attila, Meinolf, Timerin	
6.	Adalbero von Würzburg, Renatus	Schwendtag
7.	Amalia, Georg, Gerold von Köln, Justina, Rosa	
8.	Amor, Demetrius, Gunther, Pelagia, Simeon, Viktrizius	
9.	Arnoald, Dionysius, Emanuela, Sibylle von Gages, Gunther	
10.	Gereon, Kassius, Nuncius, Tuto, Viktor	
11.	Brun von Köln, Meinhard, Quirin	Schwendtag
12.	Bernhard, Edistus, Edwin, Herlind, Gottfried, Otto	
13.	Andreas, Aurelia, Eduard, Koloman, Reginbald	
14.	Alan, Burkhard, Fortunata, Kalixtus	
15.	Aurelia von St. Emmeran, Hedwig, Willa	
16.	Florentin, Gallus, Witburg	
17.	Anselm von Wien, Hedwig von Andechs, Heriburg, Ignaz	
18.	Lukas, Mono, Gwenn	
19.	Isaak, Jean, Paul vom Kreuz	
20.	Jakob Franz, Johanna, Vitalis, Wendelin	
21.	Hilarian, Ursula, Wilhelma	
22.	Blandina, Ingbert, Kordula, Saloma	
23.	Jakobus, Oda, Richmund, Severin von Köln	
24.	Antonius Maria Claret, Armella	
25.	Crispin, Chrysanth, Daria, Ludwig von Arnstein	
26.	Amandus, Gerwich, Josephine, Witta, Wigand	
27.	Sabina, Wolfhard von Augsburg	
28.	Alfred, Judas Thaddäus, Simon	
29.	Margarete, Narzissus, Sigibert	
30.	Bernhard, Klaudius, Dietger	
31.	Jutta von Bedburg, Quintin, Wolfgang von Regensburg	

Wurzeltag = ♉ ♍ ♑ Blattag = ♓ ♋ ♏ Blütentag = ♒ ♊ ♎ Fruchttag = ♈ ♌ ♐

	2001	2002	2003	2004	2005	2006	2007
1.	Mo) ♓	Di (♋	Mi) ♐	Fr (♉	Sa (♍	So) ♑	Mo (♊
2.	Di ○ ♈	Mi (♌	Do) ♑	Sa (♉	So (♍	Mo) ♒	Di (♊
3.	Mi (♈	Do (♌	Fr) ♑	So (♊	Mo ● ♎	Di) ♒	Mi (♋
4.	Do (♉	Fr (♍	Sa) ♒	Mo (♊	Di) ♎	Mi) ♓	Do (♋
5.	Fr (♉	Sa (♍	So) ♒	Di (♋	Mi) ♏	Do) ♓	Fr (♌
6.	Sa (♉	So ● ♎	Mo) ♒	Mi (♋	Do) ♏	Fr) ♈	Sa (♌
7.	So (♊	Mo) ♎	Di) ♓	Do (♋	Fr) ♐	Sa ○ ♈	So (♍
8.	Mo (♊	Di) ♏	Mi) ♓	Fr (♌	Sa) ♐	So (♉	Mo (♍
9.	Di (♋	Mi) ♏	Do) ♈	Sa (♌	So) ♐	Mo (♉	Di (♍
10.	Mi (♋	Do) ♐	Fr ○ ♈	So (♍	Mo) ♑	Di (♊	Mi (♎
11.	Do (♌	Fr) ♐	Sa (♈	Mo (♍	Di) ♑	Mi (♊	Do ● ♎
12.	Fr (♌	Sa) ♑	So (♉	Di (♍	Mi) ♒	Do (♊	Fr) ♏
13.	Sa (♍	So) ♑	Mo (♉	Mi (♎	Do) ♒	Fr (♋	Sa) ♏
14.	So (♍	Mo) ♒	Di (♊	Do ● ♎	Fr) ♓	Sa (♋	So) ♏
15.	Mo (♎	Di) ♒	Mi (♊	Fr) ♏	Sa) ♓	So (♌	Mo) ♐
16.	Di ● ♎	Mi) ♒	Do (♊	Sa) ♏	So) ♈	Mo (♌	Di) ♐
17.	Mi) ♏	Do) ♓	Fr (♋	So) ♐	Mo ○ ♈	Di (♍	Mi) ♑
18.	Do) ♏	Fr) ♓	Sa (♋	Mo) ♐	Di (♉	Mi (♍	Do) ♑
19.	Fr) ♐	Sa) ♈	So (♌	Di) ♑	Mi (♉	Do (♎	Fr) ♒
20.	Sa) ♐	So) ♈	Mo (♌	Mi) ♑	Do (♊	Fr (♎	Sa) ♒
21.	So) ♐	Mo ○ ♈	Di (♍	Do) ♒	Fr (♊	Sa (♎	So) ♒
22.	Mo) ♑	Di (♉	Mi (♍	Fr) ♒	Sa (♊	So ● ♏	Mo) ♓
23.	Di) ♑	Mi (♉	Do (♎	Sa) ♓	So (♋	Mo) ♏	Di) ♓
24.	Mi) ♒	Do (♊	Fr (♎	So) ♓	Mo (♋	Di) ♏	Mi) ♈
25.	Do) ♒	Fr (♊	Sa ● ♏	Mo) ♓	Di (♌	Mi) ♐	Do) ♈
26.	Fr) ♒	Sa (♊	So) ♏	Di) ♈	Mi (♌	Do) ♐	Fr ○ ♉
27.	Sa) ♓	So (♋	Mo) ♐	Mi) ♈	Do (♌	Fr) ♑	Sa (♉
28.	So) ♓	Mo (♋	Di) ♐	Do ○ ♉	Fr (♍	Sa) ♑	So (♊
29.	Mo) ♈	Di (♌	Mi) ♑	Fr (♉	Sa (♍	So) ♒	Mo (♊
30.	Di) ♈	Mi (♌	Do) ♑	Sa (♊	So (♎	Mo) ♒	Di (♋
31.	Mi) ♈	Do (♍	Fr) ♑	So (♊	Mo (♎	Di) ♒	Mi (♋

Wetter- und Bauernregeln

Wie ein Maler färbt der Herbst die Blätter jetzt immer bunter. Je schöner das Wetter in dieser dritten Jahreszeit ist, um so langsamer verfärbt sich das Laub, um so besser kann man beobachten, wie es nach und nach fast die gesamte Farbpalette durchwandert. Vor allem der Ahorn zeigt sich jetzt im prächtigen Laubschmuck.

Das erste Monatsdrittel ist oft wechselhaft und windig; vor allem in den Bergen und an der Küste fegen nun schon die ersten Herbststürme durchs Land. Dann ist nach alter Bauernweisheit auch der Winter nicht mehr fern: »Im Oktober Sturm und Wind uns den frühen Winter künd't«, heißt es nämlich. Im zweiten Drittel des Monats kann es noch einmal mild und klar werden – der sprichwörtliche »goldene Oktober« zeigt sich ein letztes Mal von seiner schönsten Seite. In der vierten Oktoberwoche schließlich kann sich bereits der Frühwinter bemerkbar machen, und die ersten Fröste werden manchen Pflanzen im Garten zum Verhängnis. In den Alpen fällt jetzt nicht selten schon der erste Schnee: »Sankt Gallen (16.) läßt Schnee fallen«, sagt man auf dem Land. Und wenn der Sankt-Lukas-Tag (18.) warm ist, soll ein Winter kommen, »daß es Gott erbarm'«.

● Weitere Bauernregeln für den Oktober: Regen an Sankt Remigius (1.) bringt den ganzen Monat Verdruß. Laubfall an Sankt Leodegar (2.) kündet an ein fruchtbar' Jahr. Regnet's an Sankt Dionys (9.), wird der Winter naß gewiß. Sankt Gallen (16.) läßt den Schnee fallen, treibt die Kuh in den Stall und den Apfel in den Sack. Mit Sankt Hedwig (17.) und Sankt Gall (16.) schweigt der Vögel Sang und Schall. Wer an Lukas (18.) Roggen streut, es im Jahr drauf nicht bereut. Ursula (21.) bringt's Kraut herein, sonst schneien Simon und Juda (28.) drein. Wenn's Sankt Severin (23.) gefällt, bringt er mit die erste Kält'. Mit Crispin (25.) sind alle Fliegen hin. Wenn Simon und Juda (28.)vorbei, rücket der Winter herbei. Sankt Wolfgang (31.) voller Regen verspricht ein Jahr voller Segen.

Volksglaube

Am Ende des Monats, genauer am 31. Oktober, gehen nach altem Volksglauben die Toten um – Halloween ist nämlich kein »modernes« amerikanisches Fest, sondern stammt noch aus heidnisch-keltischer Zeit. Die Ahnen sollten an diesem Tag aus den Feenhügeln hervorkommen und ihren Nachkommen die Zukunft prophezeien. Mit diesem Tag hatte es auch sonst einiges auf sich: So glaubte man etwa, daß einem jungen Mädchen, das an Halloween vor dem Spiegel einen Apfel schält, das Bild des künftigen Ehemanns erscheint.

In Litauen, dem zuletzt christianisierten europäischen Land, feierte die heidnische Bevölkerung an Halloween das Neujahrsfest, bei dem Haustiere geopfert wurden. Nahm der Gott Samanik das Opfer zugunsten der Toten an, waren die Geister zufrieden und richteten keinen Schaden an. Wurden sie aber nicht angemessen besänftigt, stiegen sie rachsüchtig auf die Erde nieder und stifteten allerlei Unheil.

Die »Allerweltkirchweih« gibt es in Bayern erst seit Mitte des vergangenen Jahrhunderts. Davor gab es in jeder Kirchengemeinde ein eigenes Fest zu Ehren des Tages, an dem die Dorfkirche einst geweiht worden war. Dafür wurden die Gänse gemästet, und die Bäuerin füllte das Schmalz auf, um die Kirchweihnudeln auszubacken.

Pflanze des Monats: Die Berberitze

In dieser Gattung gibt es Arten mit sehr unterschiedlichem Erscheinungsbild (Abbildung Seite 168): *Berberitzen* verwendet man für Schnitthecken (Seite 110), Wildpflanzungen und als Solitärpflanze. Allen gemein sind die kleinen, birnenförmigen roten Früchte, das gelbe »Bluten« an Schnittstellen und eine intensive Herbstfärbung. Wegen ihrer Früchte und Dornen gilt die Berberitze als beliebtes Vogelnähr- und Schutzgehölz.

173

Was im Oktober zu tun ist

Allgemeines

- ◆ Laub sammeln, kompostieren bzw. mulchen
- ◆ Boden mit Grabgabel lockern, danach mit Kompost, Mist, Gesteinsmehl oder Algenkalk düngen (Seite 91)
- ◆ Schweren Boden mit Sand oder Torf auflockern (Seite 74)
- ◆ Neu geplante Beete vorbereiten: umgraben, Unkrautwurzeln entfernen, mulchen (Seite 93) oder Gründüngung ansäen (Seite 89)
- ◆ Schlupfwinkel für Nützlinge anlegen (Laubhaufen, Reisighaufen; Seite 191)

Ziergarten

- ◆ Ende Oktober: Rosen pflanzen (Triebe nicht einkürzen, Seite 189)
- ◆ Edelrosen anhäufeln (Seite 189)
- ◆ Alle frühlingsblühenden Zwiebel- und Knollenpflanzen setzen (Seite 159) und mit Kompost bedecken (Seite 91)
- ◆ Zweijährige (z.B. Goldlack, Maßliebchen) aussäen (Seite 39)
- ◆ Nach dem ersten Frost Gladiolen, Dahlien, Knollenbegonien, Jakobs-lilien und Ranunkeln ausgraben und Zwiebeln/Knollen kühl lagern (Seite 144)
- ◆ Laubgehölze pflanzen, an Pfähle anbinden (Seite 176)
- ◆ Immergrüne Gehölze an frostfreien Tagen gut wässern (Seite 178)
- ◆ Rasen zum letzten Mal mähen (Seite 75)
- ◆ An milden Tagen Ziergehölze auslichten (Seite 40)

Gemüsegarten

- ◆ Ins Freie aussäen (Seite 112): Feldsalat, Spinat
- ◆ Unter Glas aussäen (Seite 38): Schnittsalat, Winterkopfsalat, Endivie, Feldsalat, Spinat, Radieschen, Rettich, Möhren
- ◆ Noch nicht geerntetes Gemüse mit Folie abdecken (dann reift es schneller)
- ◆ Frühbeet vor Nachtfrost schützen (mit Noppenfolie oder Brettern, Seite 38)
- ◆ Wenn Ihr Gewächshaus nicht beheizt ist: von außen mit Folie isolieren
- ◆ Ernten: Radicchio, Bleichsellerie, Wintermöhren, Herbstrüben, Herbst-radieschen, Herbstrettich, Knollensellerie, Knollenfenchel, Lauch, Herbstkohl, Chinakohl, Feldsalat, Endiviensalat

Was im Oktober zu tun ist

- ◆ Ab Ende Oktober: bei frostfreiem Wetter Obstbäume und –sträucher pflanzen (Seite 164)
- ◆ An milden Tagen Auslichtungs- und Pflegeschnitt bei Obst- und Beerensträuchern vornehmen (Seite 40)
- ◆ Leimringe gegen Raupen an Obstbäumen anbringen
- ◆ Obstbäume gegen Frostrisse mit Weißanstrich versehen (Seite 178)
- ◆ Ernten: Zwetschgen, Äpfel, Birnen, Tafeltrauben, Preiselbeeren, Walnüsse, Kiwis, Quitten
- ◆ Obstlager kontrollieren (Seite 160)

- ◆ Balkonkästen leeren und reinigen
- ◆ Winterharte Kübelpflanzen durch Abdecken vor Frost schützen (Seite 177)
- ◆ Nicht winterharte Kübelpflanzen ins Haus bringen (Seite 27)
- ◆ Herbstbepflanzung vornehmen (Seite 179)

- ◆ Rasenmäher und alle Gartengeräte gründlich reinigen (Seite 45)
- ◆ Winterschutzmaterial besorgen (Seite 177)

Obstgarten

Balkon

Sonstiges

▶ **Wichtig:** Fruchttragende Gehölze wie die Berberitze (Seite 173, Abbildung Seite 168) sind nicht nur ein schöner Anblick – vor allem, wenn das Laub schon abgefallen ist –, sondern die Beeren bieten auch eine willkommene Bereicherung für die Speisekarte der meisten Vögel. Bäume und Sträucher wiederum brauchen die Vögel, denn sie verbreiten den Samen.

Goldlack

Gehölze, die den Herbst verschönern

Gerade im Herbst, wenn der Garten langsam kahl wird, sind Gehölze mit gefärbter Rinde, farbigem Herbstlaub und den auffälligen Früchten ein hübscher Blickfang. Meist sind die Beeren leuchtendrot (und damit von den Vögeln am schnellsten zu erkennen).

Weißdorn

Pflanze	Botanischer Name	Besonderheit
Berberitze	Berberis-Arten	rote Früchte, gelbes Herbstlaub
Eberesche	Sorbus aucuparia	rote Früchte, gelboranges Herbstlaub
Eibe	Taxus baccata	rote Früchte, immergrün; giftig!
Essigbaum	Rhus typhina	purpurroter Fruchtstand, knallrotes Herbstlaub
Feuerdorn	Pyracantha-Sorten	rote, gelbe oder orangefarbene Früchte
Gemeiner Schneeball	Viburnum opulus	rote Früchte; giftig!
Korkflügelstrauch	Euonymus alatus	rotes Herbstlaub, grüne Rinde
Kupferbirke	Betula albosinensis	gelbes Herbstlaub, rotorange Rinde
Mahonie	Mahonia aquifolium	blaue Früchte, rostrotes Herbstlaub
Pfaffenhütchen	Euonymus europaeus	rote bis orangefarbene Früchte, orangerotes Herbstlaub; giftig!
Purpurhartriegel	Cornus alba »Sibirica«	braunrotes Herbstlaub, rote Rinde
Scheinmispel	Cotoneaster divaricatus, Cotoneaster horizontalis	rote Früchte, orangerotes Herbstlaub
Schlangenhautahorn	Acer capillipes	grün-weiß gestreifte Rinde
Schneebeere	Symphoricarpus-Arten	weiße oder rote Früchte
Schönfrucht	Callicarpa bodinieri	lilarosa Früchte, gelboranges Herbstlaub
Torfmyrte	Pernettya-Arten	rosa oder weiße Früchte, immergrün
Weißdorn	Crataegus-Arten	rote Früchte, gelbes bis orangebraunes Herbstlaub
Zierkirsche	Prunus serrulata	kupferrotes Laub

Winterschutz für Garten und Balkon

Damit Garten und Balkon die kommenden kalten Monate gut überstehen, sollten Sie jetzt vorsorgen:

● Lockern und lüften Sie alle abgeernteten Flächen im Garten mit der Grabgabel. Aber achten Sie darauf, die Bodenschichtung dabei nicht durcheinanderzubringen, um das Bodenleben nicht zu zerstören.

● Viele Pflanzen brauchen jetzt Schutz vor den kommenden frostigen Zeiten. Besonders gut für den Winterschutz geeignet ist Fichtenreisig, da es nach und nach seine Nadeln verliert und dadurch wieder mehr Licht an die Pflanzen läßt, wenn die Tage nach dem 21. Dezember wieder länger werden. Das Reisig wird wie ein kleines Dach über die Pflanzen gestellt. Wichtig ist, daß die Pflanzen dabei genügend Luftzufuhr erhalten, sonst kommt es zu Fäulnis oder Krankheiten.

● Laub, das Sie nicht für den Kompost oder zum Mulchen brauchen, ist ebenfalls als Frostschutz geeignet.

● Rindenmulch und Kompost (Seite 91) ist nur dann als Winterschutz geeignet, wenn Sie es nicht über grüne Pflanzenteile geben.

● Große Pflanzen können Sie mit Sackleinen oder Jute abdecken. Beide Materialien sind leicht und geschmeidig, und es kommt nicht zu Beschädigungen an der Pflanze.

● Im Freien können einige Gemüsearten bestens überwintern: *Lauch, Rosen-* und *Grünkohl, Schwarzwurzeln* und *Feldsalat* fühlen sich auch bei niedrigsten Temperaturen noch wohl. Nur bei sehr strengem Frost (ab -10° C) ohne schützende Schneedecke sollten Sie vorsorglich große Tücher, Sackleinen oder Folien auslegen.

● Einige Minusgrade (bis -5° C) vertragen auch *Chinakohl, Mangold, Endivien, Zuckerhut* und *Topinambur*. Wird es kälter, müssen sie ebenfalls durch Tücher, Sackleinen oder Folien geschützt werden.

● Viele Kübelpflanzen, die aus mediterranen Regionen stammen, würden unseren oft strengen Winter ohne

Keine Angst vor Schnee! Unter einer dichten Schneedecke sind die Pflanzen am besten vor Kälte und Frost geschützt. Unsere Winter zeichnen sich jedoch nur noch selten durch eine weiße Flockenpracht aus, sondern sind meist naß, matschig und kalt. Deshalb brauchen empfindliche Pflanzen ausreichend Winterschutz!

Grünkohl

177

Der 100jährige Kalender besagt, daß ein besonders fruchtbares Jahr zu erwarten ist, wenn es Ende Oktober, während des Untergangs der Plejaden (auch Siebengestirn genannt) am Himmel kräftig regnet.

besondere Schutzmaßnahmen nicht überstehen. Bevor es zum ersten Frost kommt, sollten Sie daher für eine warme Umhüllung sorgen oder sie ins Haus schaffen (Seite 27).

● Besonders frostanfällig sind auch frisch gesetzte Pflanzen und Junggewächse. Sie brauchen ebenfalls Winterschutz.

● Den Stamm von Obstgehölzen (z. B. *Pfirsich*) versehen Sie mit einem weißen Anstrich oder einem Pappmantel. Das verhindert, daß die Rinde bei starken Temperaturunterschieden oder in sehr kalten Nächten platzt!

▶ **Wichtig:** Die meisten Winterschäden bei immergrünen Gewächsen entstehen nicht durch Frost, sondern durch Trockenheit! Immergrüne Pflanzen brauchen nämlich auch im Winter Feuchtigkeit. Ist der Boden jedoch beinhart gefroren, können die Wurzeln keine Feuchtigkeit aufnehmen, und die Pflanzen vertrocknen. Im Spätherbst und im Spätwinter, wenn der Boden noch nicht gefroren oder schon wieder aufgetaut ist, sollten Sie daher alle Gehölze gut wässern. Fallaub sorgt für zusätzlichen Schutz vor Austrocknung: Rechen Sie es zusammen und verteilen Sie es am Boden um die Gehölze.

»Baumscheiben« nennt man den Wurzelbereich rund um einen Baum herum.

Efeu

178

Immergrünes auf dem Balkon

Auch die Zeit der bunten Farbenpracht auf dem Balkon ist jetzt leider vorbei. Wenn Sie jedoch auch im Herbst und Winter Grünes auf Ihrem Balkon haben möchten, können Sie ihn mit immergrünen Gewächsen bepflanzen, die ihn das ganze Jahr hindurch verschönern. Wenn Sie dann im Frühjahr und Sommer zwischen die »Immergrünen« bunte Blumen pflanzen, haben Sie eine schöne Abwechslung und gehen mit den Jahreszeiten. Am besten erkundigen Sie sich in einer guten Baumschule, welche immergrünen Gehölze sich für den Balkonkasten oder eine Kübelbepflanzung eignen. Eine Auswahl der schönsten »Immergrünen« zeigt Ihnen die Tabelle auf Seite 180. Bedenken Sie bei Ihrer Planung bitte, daß der Wurzelbereich bei Balkonpflanzen weit intensiver der Witterung ausgesetzt ist als im Erdreich des Gartens, d.h., die Pflanzgefäße müssen besonders gut vor Frost geschützt werden. Viele Gefäße kann man von innen isolieren; das kostet zwar ein wenig mehr als preiswerte Balkonkästen aus dem Gartencenter, doch es lohnt sich. Zum einen sieht eine Außenumhüllung unschön aus, zum anderen sind die Wurzeln auf diese Weise besser geschützt.

● Wählen Sie ausreichend große Pflanzgefäße und füttern Sie die Wände mit Styropor oder Noppenfolie ab.
● Bedecken Sie den Gefäßboden mit etwa drei Zentimeter Blähton und geben Sie erst dann die Pflanze mit der Erde hinein.
● Immergrüne Pflanzen brauchen auch im Winter genügend Wasser. Bei trockener und frostfreier Witterung deshalb das Gießen nicht vergessen!

Haben Sie außer dem Balkon einen Garten, können Sie wählen: Wenn Sie Ihre Immergrünen im Kübel den Sommer über in den Garten stellen, bleibt Ihnen auf dem Balkon mehr Platz für Sommerblumen.

Kugelkiefer

179

Die schönsten »Immergrünen«

Pflanze	Botanischer Name
Blaue Igelfichte	Picea glauca »Echiniformis«
Buchs	Buxus sempervirens »Suffruticosa«
Efeu	Hedera helix »Conglomerata« oder »Sagittifolia«
Schneeheide	Erica carnea
Fadenzypresse	Chamaecyparis obtusa »Nana Gracilis«
Flacher Wacholder	Juniperus chinensis »Old Gold«
Heidekraut	Calluna vulgaris
Igelfichte	Picea abies »Echiniformis«
Immergrün	Vinca minor
Kissenzypresse	Chamaecyparis lawsoniana »Minima Glauca«
Kriechkiefer	Pinus mugo var. pumilio
Kriechspindel	Euonymus fortunei »Emerald«-Sorten
Krummholzkiefer	Pinus mugo var. mughus
Kugelfichte	Picea glauca ssp.
Kugelkiefer	Pinus mugo »Mops«
Kugellebensbaum	Thuja occidentalis »Danica«
Muschelzypresse	Chamaecyparis obtusa »Sungold«
Pfeilginster	Genista sagittalis
Polsterberberitze	Berberis buxifolia »Nana«
Rhododendron	Rhododendron-Hybriden
Rosmarin-Seidelbast	Daphne cneorum
Scheinbeere	Gaultheria procumbens
Zwergkiefer	Pinus mugo »Gnom«

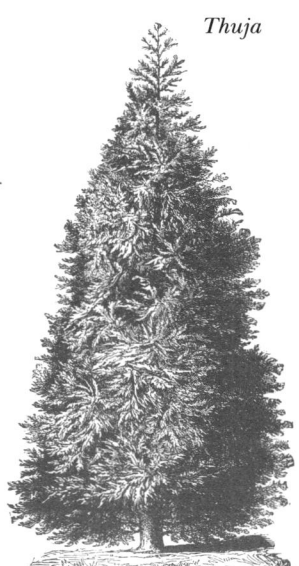

Thuja

Aussehen	Standort
20 cm; kugelförmig, blaugrüne Nadeln	kühl und feucht
bis 100 cm; Kübelpflanze, schnittverträglich	Halbschatten bis Schatten
hängend oder kletternd; verschiedene Laubformen	Sonne bis Schatten
verschiedene Sorten, blüht bis ins Frühjahr	Sonne bis Schatten
bis 50 cm breit; sehr robust, gelbgrün, flach	Sonne bis Halbschatten
bis 150 cm breit; goldgelb, Kübelpflanze, sehr robust	Sonne bis Halbschatten
bis 30 cm; im Sommer rosa Blütentrauben	Sonne
20 cm hoch; igelförmig	empfindlich im Stadtklima
flach kriechend; blüht von Mai bis September	Sonne bis Schatten
40 bis 50 cm hoch; blaugrün, kegelförmig	Sonne bis Schatten
50 cm hoch; kissenförmig	Halbschatten; empfindlich im Stadtklima
hochkletternd	Sonne bis Schatten
bis 40 cm hoch	Sonne
40 cm hoch; kugelig	empfindlich im Stadtklima
bis 40 cm hoch; robust	Sonne
30 cm hoch; frischgrün	empfindlich gegen Trockenheit; Halbschatten
50 cm hoch; kegelförmig, dunkelgrün	Halbschatten
15 cm hoch; gelbblühend	Sonne
20 bis 30 cm hoch	Sonne bis Halbschatten
bis 100 cm hoch; Kübelpflanze, robust	Schatten
ca. 30 cm hohe Polster; im Frühjahr duftende Blüten	Sonne
ca. 15 cm hoch	Sonne bis Halbschatten
bis 60 cm hoch; robust	Sonne

November
der
Nebelmond

Von lat. novem = neun kommt der Monatsname November. Nach dem alten römischen Kalender ist er der neunte Monat im Jahr und gilt als der Totenmonat. Doch eigentlich ist das katholische Fest Allerheiligen am 1. November kein Trauertag. Im Gegenteil – man gedenkt all der Heiligen, für die im Jahreslauf kein eigener Festtag vorgesehen ist. Erst der 2. November, der Allerseelentag, ist allen Toten vorbehalten. Für die Bauern war der 6. November früher ein besonderer Tag, an dem der heilige Leonhard als Schutzpatron von Pferd und Vieh gefeiert wurde. Auch heute noch sind die Leonhardi-Umritte mit Roß und Reiter in manchen Gemeinden des Voralpenlandes *prächtige Trachtenprozessionen. Für die Kinder ist vor allem der 11. November wichtig, der Martinstag: Dann ziehen sie mit ihren bunten Laternen singend durch die Straßen und gedenken so des Heiligen Martin, der seinen Mantel in bitterer Kälte zerschnitt, um ihn mit einem Bettler zu teilen.*

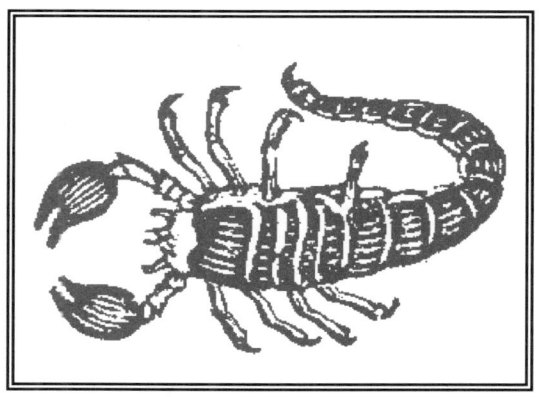

*Skorpion
vom 24. Oktober
bis zum 22. November*

Das finden Sie im November

Novemberkalender

1.	Allerheiligen; Arthur, Harald, Luitpold, Rupert	
2.	Angela, Justus, Viktorin	
3.	Bertold, Erich, Gottlieb, Hubert, Marian, Silvia, Winifred	
4.	Emmerich, Gregor, Modesta	
5.	Berthild, Blandine, Elisabeth, Zacharias	
6.	Christine, Erlfried, Leonhard, Rudolf	
7.	Baldus, Ernst, Gertraud, Gisbert, Karina	
8.	Gottfried, Martin von Tours, Severus	
9.	Herfrid, Ragnulf, Roland, Theodor von Euchaita	
10.	Eduard, Hermann, Johannes, Karl Friedrich, Leo der Große	
11.	Agnes, Bruno, Martin von Tours	
12.	Adelheid, Diego, Kunibert, Renatus	Schwendtag
13.	Eugen, Gertrud, Karl	
14.	Alberich, Bernhard, Josaphat, Richard, Sidonius	
15.	Albertus Magnus, Marinus, Leopold	
16.	Answald, Gertrud, Otmar, Walter	
17.	Edmund, Florin, Hilda, Salome, Viktoria von Cordoba	
18.	Gelasius, Odo	
19.	David, Elisabeth von Thüringen	
20.	Bruno, Edemund, Gerhaed, Korbinian	
21.	Albert, Columban, Johannes von Meißen, Mariä Opferung	
22.	Ava, Cäcilia, Prokop	
23.	Adele, Detlev, Felizitas, Klemens, Trudo	
24.	Albert, Flora, Hitto, Modestus	
25.	Egbert, Katharina von Alexandrien, Niels	
26.	Bertger, Ida, Konrad, Leonhard	
27.	Ada, Günther, Gustav, Oda, Virgilius	
28.	Berta, Gunther, Rufus	
29.	Franz Joseph, Friedrich, Jolanda	
30.	Andreas, Bernard, Folkard, Gerwald	

Wurzeltag = ♉ ♍ ♑ Blattag = ♓ ♋ ♏ Blütentag = ♒ ♊ ♎ Fruchttag = ♈ ♌ ♐

	2001	2002	2003	2004	2005	2006	2007
1.	Do ○ ♉	Fr ☾ ♍	Sa ☽ ♒	Mo ☾ ♊	Di ☾ ♏	Mi ☽ ♓	Do ☾ ♌
2.	Fr ☾ ♉	Sa ☾ ♎	So ☽ ♒	Di ☾ ♋	Mi ● ♏	Do ☽ ♓	Fr ☾ ♌
3.	Sa ☾ ♊	So ☾ ♎	Mo ☽ ♓	Mi ☾ ♋	Do ☽ ♏	Fr ☽ ♈	Sa ☾ ♌
4.	So ☾ ♊	Mo ● ♏	Di ☽ ♓	Do ☾ ♌	Fr ☽ ♐	Sa ☽ ♈	So ☾ ♍
5.	Mo ☾ ♋	Di ☽ ♏	Mi ☽ ♈	Fr ☾ ♌	Sa ☽ ♐	So ○ ♉	Mo ☾ ♍
6.	Di ☾ ♋	Mi ☽ ♐	Do ☽ ♈	Sa ☾ ♌	So ☽ ♑	Mo ☾ ♉	Di ☾ ♎
7.	Mi ☾ ♌	Do ☽ ♐	Fr ☽ ♈	So ☾ ♍	Mo ☽ ♑	Di ☾ ♊	Mi ☾ ♎
8.	Do ☾ ♌	Fr ☽ ♑	Sa ☽ ♉	Mo ☾ ♍	Di ☽ ♒	Mi ☾ ♊	Do ☾ ♎
9.	Fr ☾ ♌	Sa ☽ ♑	So ○ ♉	Di ☾ ♎	Mi ☽ ♒	Do ☾ ♋	Fr ☾ ♏
10.	Sa ☾ ♍	So ☽ ♒	Mo ☾ ♊	Mi ☾ ♎	Do ☽ ♓	Fr ☾ ♋	Sa ● ♏
11.	So ☾ ♍	Mo ☽ ♒	Di ☾ ♊	Do ☾ ♏	Fr ☽ ♓	Sa ☾ ♌	So ☽ ♐
12.	Mo ☾ ♎	Di ☽ ♓	Mi ☾ ♊	Fr ● ♏	Sa ☽ ♈	So ☾ ♌	Mo ☽ ♐
13.	Di ☾ ♎	Mi ☽ ♓	Do ☾ ♋	Sa ☽ ♐	So ☽ ♈	Mo ☾ ♌	Di ☽ ♐
14.	Mi ☾ ♏	Do ☽ ♓	Fr ☾ ♋	So ☽ ♐	Mo ☽ ♉	Di ☾ ♍	Mi ☽ ♑
15.	Do ● ♏	Fr ☽ ♈	Sa ☾ ♌	Mo ☽ ♑	Di ☽ ♉	Mi ☾ ♍	Do ☽ ♑
16.	Fr ☽ ♐	Sa ☽ ♈	So ☾ ♌	Di ☽ ♑	Mi ○ ♉	Do ☾ ♎	Fr ☽ ♒
17.	Sa ☽ ♐	So ☽ ♈	Mo ☾ ♌	Mi ☽ ♒	Do ☾ ♊	Fr ☾ ♎	Sa ☽ ♒
18.	So ☽ ♑	Mo ☽ ♉	Di ☾ ♍	Do ☽ ♒	Fr ☾ ♊	Sa ☾ ♎	So ☽ ♓
19.	Mo ☽ ♑	Di ☽ ♉	Mi ☾ ♍	Fr ☽ ♓	Sa ☾ ♋	So ☾ ♏	Mo ☽ ♓
20.	Di ☽ ♒	Mi ○ ♊	Do ☾ ♎	Sa ☽ ♓	So ☾ ♋	Mo ● ♏	Di ☽ ♓
21.	Mi ☽ ♒	Do ☾ ♊	Fr ☾ ♎	So ☽ ♓	Mo ☾ ♌	Di ☽ ♐	Mi ☽ ♈
22.	Do ☽ ♒	Fr ☾ ♊	Sa ☾ ♏	Mo ☽ ♉	Di ☾ ♌	Mi ☽ ♐	Do ☽ ♈
23.	Fr ☽ ♓	Sa ☾ ♋	So ☾ ♏	Di ☽ ♈	Mi ☾ ♌	Do ☽ ♑	Fr ☽ ♉
24.	Sa ☽ ♓	So ☾ ♋	Mo ● ♐	Mi ☽ ♉	Do ☾ ♍	Fr ☽ ♑	Sa ○ ♉
25.	So ☽ ♈	Mo ☾ ♌	Di ☽ ♐	Do ☽ ♉	Fr ☾ ♍	Sa ☽ ♑	So ☽ ♊
26.	Mo ☽ ♈	Di ☾ ♌	Mi ☽ ♑	Fr ○ ♊	Sa ☾ ♎	So ☽ ♒	Mo ☾ ♊
27.	Di ☽ ♈	Mi ☾ ♍	Do ☽ ♑	Sa ☾ ♊	So ☾ ♎	Mo ☽ ♒	Di ☾ ♋
28.	Mi ☽ ♉	Do ☾ ♍	Fr ☽ ♒	So ☾ ♊	Mo ☾ ♎	Di ☽ ♓	Mi ☾ ♋
29.	Do ☽ ♉	Fr ☾ ♎	Sa ☽ ♒	Mo ☾ ♋	Di ☾ ♏	Mi ☽ ♓	Do ☾ ♌
30.	Fr ○ ♊	Sa ☾ ♎	So ☽ ♓	Di ☾ ♋	Mi ☾ ♏	Do ☽ ♈	Fr ☾ ♌

Wetter- und Bauernregeln

Früher war der Martinstag allgemeiner Zahltag, an dem das bäuerliche Wirtschaftsjahr und die Pacht zu Ende gingen. Am 11. November bekamen Knechte und Mägde ihren Lohn ausbezahlt. Auch Zinsen waren an diesem Tag fällig: »Sankt Martin ist ein harter Mann, für den, der nicht bezahlen kann«, heißt es in einem alten Spruch.

Jetzt kündigen die ersten starken und oft über mehrere Nächte andauernden Fröste den Spätherbst an. Das Vegetationsjahr in der Natur ist vorbei, und wenn die Blätter der Roßkastanie fallen, steht der Winter endgültig vor der Tür. Da nützt es auch nichts, wenn in einem besonders milden November die Bäume noch einmal »schießen« und neuen Saft bekommen: »Baumblüt' im November gar noch nie ein gutes Zeichen war«, meint nämlich der 100jährige Kalender. Und er prophezeit für diesen Fall einen besonders langen Winter mit viel Regen und wenig Frost. Im November kann den einen oder anderen Tag noch schönes Wetter herrschen, aber kurz danach gibt es sicher Minusgrade, denn die Großwetterlage stellt sich jetzt um. Anfang des Monats herrscht oft noch trockenes Wetter, mit einzelnen Nebelperioden, doch über dem Atlantik sinkt der Luftdruck ständig ab und die Stürme nehmen zu. Die Bauern wußten: »Wenn's zu Allerheiligen schneit, halte deinen Pelz bereit«, denn dann stand ein kalter Winter bevor. Der Martinstag (11.) war ein wichtiger Lostag: »Ist es um Martini trüb, wird der Winter auch nicht lieb«, meint ein anderer Spruch. Bis ins kommende Jahr sagt Sankt Virgil am 27. November das Wetter voraus: »Friert es auf Virgilius, im Märzen Kälte kommen muß.« Man konnte sich dann auf einen langen Winter und eine späte Aussaat im Frühjahr einrichten. Regen können weder Bauern noch Gärtner in diesem Monat gebrauchen: »Wenn der November regnet und frostet, dies der Saat das Leben kostet«, behauptet eine andere Regel des 100jährigen Kalenders. Zahlreiche Gewitter in diesem Monat kündigen dagegen reiche Ernte für das kommende Jahr an.

● Weitere Bauernregeln für den November: Sitzt im November Laub fest an den Ästen, kommt bald der Winter mit strengsten Frösten. Allerheiligenreif (1.) macht zur Weihnacht alles steif. Der heilige Leopold (15.) ist dem Altweibersommer hold. Sankt Elisabeth (19.) sagt an, was der Winter für ein Mann. Wenn an Mariä Opferung (21.) die Bienen fliegen, wird man nächstes

Jeder kennt die Martinsgans: Der Legende nach hatte sich der Heilige Martin in einem Stall verkrochen, als man ihn zum Bischof erheben wollte, doch die schnatternden Gänse verrieten ihn. In alten Zeiten gab es außerdem noch das Martinsgebäck, um daran zu erinnern, daß von nun an bis Weihnachten gefastet werden mußte.

Jahr Hunger kriegen. Dem heiligen Klemens (23.) traue nicht, denn selten zeigt er ein mild' Gesicht. Wie das Wetter zu Sankt Kathrein (25.) wird auch der nächste Hornung (= Februar) sein. Schau in der Andreasnacht (30.), was für Gesicht das Wetter macht. So wie's ausschaut, glaub's fürwahr, bringt's ein gutes oder schlechtes Jahr.

Das Feuer am Sankt-Martins-Tag mußte stets von einem frischvermählten Paar entzündet werden. Zum Zeichen des Erntedanks wurden geflochtene Körbe darin verbrannt.

Volksglaube

Seit dem 9. Jahrhundert ist Allerheiligen ein bedeutender Feiertag im Kirchenjahr. Mit dem Zwölf-Uhr-Läuten wurden – so glaubte man – alle armen Seelen frei, um dorthin zurückzukehren, wo sie als Menschen gelebt hatten. Als Reiseproviant legte man deshalb früher Brot, Wein und Bohnen auf die Gräber. Bis zum Angelusläuten am 2. November hatten die armen Seelen dann Zeit, wieder ins Fegefeuer zurückzukehren.

Wein trank man besonders gern am Martinstag (11.), denn dann hatte er eine besondere Wirkung: Er verlieh den Frauen Schönheit und den Männern Kraft. Martinswein mischte man auch den Kindern ins Badewasser, damit sie sich gut entwickelten. Das versehentliche Verschütten des Weines dagegen zeigte an, daß sich bald ein Todesfall in der Familie ereignen würde.

Die Andreasnacht am 30. November galt als besonders günstig für jede Art von Weissagung, und alles, was man in dieser Nacht träumte, ging in Erfüllung. Zudem wurde der heilige Andreas im Volksglauben als Heiratsvermittler angesehen – der November galt als guter Monat für Hochzeiten – und wurde auch gerne um Kindersegen angefleht. Die Mädchen streuten Getreide unters Kopfkissen oder aßen vor dem Zubettgehen einen Hering – das sollte bewirken, daß ihnen im Traum der ersehnte Ehemann erschien.

Die Gans galt im gesamten Mittelmeerraum als Opfertier. Römer und Kelten hielten sie als »Wachhund«, denn bei drohender Gefahr begann sie laut zu schnattern. Zudem galt die Gans als sehr wetterfühlig, weil sie Unwetter frühzeitig anzeigte. Mitte November, wenn keine Gewitter mehr zu erwarten waren, wurde sie dann geschlachtet. Diese rituelle Schlachtung hat sich in der Martinsgans erhalten.

Pflanze des Monats: Die Hainbuche

Übrigens:
Die Hainbuche wurde zum
»Baum des Jahres 1996«
gewählt!

Die *Hainbuche* gehört zu den Birkengewächsen und hat nur äußerlich eine Ähnlichkeit mit den Buchen. Freistehend entwickelt sie sich zu einem zwanzig Meter hohen, mächtigen Baum mit dichten Astquirlen. Sie kann aber auch als zwei bis vier Meter hohe, raschwüchsige und unendlich schnittverträgliche Hecke gehalten werden (Seite 110). Da sie ihr abgestorbenes Laub bis in das Frühjahr behält, bietet sie auch im Winter einen Sichtschutz. Zudem werden Hainbuchenhecken gerne von Vögeln als Nistplätze genutzt (Abbildung Seite 182).

Gartennützlinge im Winter schützen

Tiere im Garten sollten Sie nicht vertreiben – im Gegenteil: Bieten Sie ihnen Schutz und Heimstatt! Das kann eine Hecke sein (Seite 110), ein Laub- oder Reisighaufen (Seite 191) oder auch ein Nistkasten. Manche Vögel nehmen ihn jetzt schon als Winterquartier, oder er dient Gartenschläfer und Haselmaus als Lager.

● Wenn Sie einen Nistkasten aufhängen: Die Öffnung sollte von der Wetterseite abgewandt sein, damit es nicht hineinregnet.

● Wenn Sie im Frühjahr schon Nistkästen im Garten angebracht hatten, ist es jetzt Zeit, dort gründlich Hausputz zu halten – bevor das Quartier im Winter wieder bezogen wird. Das ist deshalb nötig, damit sich keine Parasiten einnisten oder eine Brutstätte für Krankheitskeime entsteht. Mit einem kräftigen Pinsel und scharfer Kernseifenlösung bekommen Sie alles sauber.

● Laub- und Reisighaufen dienen Igeln als Unterschlupf. Auch Eidechsen, Kröten und Blindschleichen fühlen sich darin wohl.

● Wenn Sie im Winter die Vögel füttern wollen: Am Futterhäuschen finden sich zwei Arten von hungrigen Vögeln ein – Weichfresser und Körnerfresser:

● Weichfresser sind z.B. Amsel, Rotkehlchen, Zaunkönig, Heckenbraunelle, Baumläufer und Wacholderdrossel. Sie verzehren

vor allem Beerenfrüchte oder Obstreste und knabbern auch gerne an einem Gemisch aus Hirschtalg und Kleie oder Haferflocken. Das können Sie fertig kaufen oder selbst herstellen.

- Körnerfresser sind z.B. Spatz, Fink, zum Teil die Meise, aber auch Zeisig, Dompfaff, Kernbeißer, Goldammer, Bunt- und Grünspecht sowie Kleiber. Sie mögen Hanfsamen, Sonnenblumenkerne und Getreidekörner. Diese Körner kann man ebenfalls zusammen mit Rindertalg und Kleie anmischen.

Bedenken Sie bitte, daß Vögel keine Restevertilger sind. Speisereste gehören also nicht auf den Futterplatz!

Naturschützer streiten, ob man im Winter Vögel füttern soll oder nicht. Am gemeinsamen Futterplatz finden sich nämlich hauptsächlich heimische »Allerweltsarten« ein, während die seltenen Arten dort kaum beobachtet werden. Um die Vögel nicht zu »verwöhnen« und zu abhängig von uns Menschen zu machen, sollten Sie sie nur bei wirklich strengem Frost und lang anhaltender Schneedecke füttern. Dann allerdings auch konsequent!

Noch einmal: Rosen pflanzen

Je früher Sie im Herbst die Rosen in die Erde setzen, desto eher wachsen sie noch vor dem Winter an – Ende Oktober bis spätestens Mitte November sollte die »Königin der Blumen« gepflanzt sein. Das gilt auch für Containerrosen oder Rosen, die in Folie gewickelt sind.

Folgendes sollten Sie bei der Herbstpflanzung beachten:
- Der Boden darf nicht naß sein.
- Im Gegensatz zur Frühjahrspflanzung (Seite 104) dürfen Sie bei der Herbstpflanzung die Krone des Rosenstocks nicht beschneiden.
- Die Veredelungsstelle sollte etwa fünf Zentimeter unter der Erdoberfläche bleiben, wobei der oberste grüne Trieb jedoch nicht zugeschüttet werden darf. Das ist der beste Winterschutz, und Sie brauchen die Rosen nicht »anzuhäufeln«.

Übrigens: Die meisten Strauchrosen sind winterhart und widerstehen auch großem Frost ohne Probleme.

Wildrose

Unter »Anhäufeln« versteht man das Anhäufen von Erde rund um eine Pflanze; auf diese Weise wird sie etwas vor Kälte geschützt. Im Frühjahr wird die Erde dann wieder entfernt, d.h. »abgehäufelt«.

Was im November zu tun ist

Allgemeines

- Wasserleitung vom Gartenschlauch abstellen, Leitung und Schläuche entleeren
- Gartengeräte reinigen und einfetten (Seite 45)
- Laub zusammenrechen; für Kompost (Seite 91) oder zum Mulchen verwenden (Seite 93)
- Bis zum Frostbeginn: Boden lockern, mulchen
- Neue Beete vorbereiten: umgraben, Unkrautwurzeln entfernen, mulchen (Seite 93) oder Gründüngung ansäen (Seite 89)
- Beim ersten Frost Winterschutz bereitlegen (Seite 177)

Ziergarten

- An milden Tagen Ziergehölze zurückschneiden (Seite 40)
- Gehölze pflanzen (Seite 164)
- Rosen pflanzen (Seite 189)
- Staudenbeete und Rabatten mit Komposterde (ein bis zwei Fingerbreit dick), Rindenmulch oder Laubstreu bedecken
- Stauden bis zum Boden zurückschneiden oder über den Winter stehen lassen (Seite 55)
- Kaltkeimer aussäen, z.B. Scheinmohn (Meconopsis) oder Veilchen (Viola): Aussaat bis Februar, in Schalen ins Freie stellen
- Dahlien ins Winterquartier holen (Seite 144)
- Noch können kleinere Zwiebel- und Knollengewächse für den Frühling gepflanzt werden (sie brauchen jetzt einen Überzug mit Komposterde, Seite 159)
- Vor starkem Frost: immergrüne Gehölze gut wässern (Seite 178)
- Nicht winterharte Kübelpflanzen ins Haus holen (Seite 27)
- Winterharte Kübelpflanzen bei Frost abdecken (Seite 177)

Gemüsegarten

- Unter Glas aussäen (Seite 38): Kopfsalat, Rettich, Radieschen
- Frühbeet mit Brettern oder Noppenfolie vor starken Frösten schützen (Seite 38)
- Ernten: Winterlauch, Endivien- und Feldsalat, Herbstkohl, Grünkohl, Rosenkohl

Was im November zu tun ist

- An milder Tagen Obstbäume und Beerensträucher zurückschneiden (Seite 40)
- Obstbäume gegen Frostrisse mit Weißanstrich versehen (Seite 178)
- Baumscheiben mulchen (Seite 178)
- Leimringe gegen Raupen an Obstbäumen anbringen
- Obstlager kontrollieren (Seite 160)

- Vor den ersten starken Frösten endgültig die nicht winterharten Gewächse ins Haus holen (Seite 27)
- Immergrüne Gehölze pflanzen (Seite 164) und wässern (Seite 178)
- Winterschutz für Kübelpflanzen und Balkonkästen bereitlegen (Seite 177)

- Schlupfwinkel für Nützlinge wie Igel, Eidechsen, Vögel anlegen (Laub- oder Reisighaufen)
- Nistkästen anbringen oder alte Kästen gründlich säubern (Seite 188)

Obstgarten

Balkon

Sonstiges

▶**Tip:** Spätestens jetzt ist es Zeit, einen Schlupfwinkel für Gartennützlinge wie Igel, Eidechsen oder Vögel anzulegen: Reservieren Sie dafür ein Eckchen in Ihrem Garten, in dem Sie einen Laub- oder Reisighaufen aufschütten, damit die Tiere dort einen Schutz vor der kommenden Kälte finden.

Haselnuß

191

Winterschmuck im Garten: Ziergräser

Lolch

Jetzt im November gibt es im Garten nur noch wenig zu tun. Wenn Ihnen Ihr Garten im Herbst so richtig trostlos vorkommt, wie eine Einöde, in der nichts mehr wächst, dann planen Sie für die kommende Saison winterharte Ziergräser ein! Aus allen Erdteilen kommen die Gräser zu uns, und es gibt sie in allen Variationen: bronzebraun, bläulich, blaugrün, stahlblau, weißgelb. Sie werden in drei Gruppen eingeteilt:

● *Süßgräser (Poaceae)* sind z.B. alle einheimischen Getreidearten sowie die meisten *Ziergräser,* auch der *Bambus.* Es gibt insgesamt etwa 9000 verschiedene Arten, d.h., sie gehören zu einer der umfangreichsten Pflanzenfamilien überhaupt.

● *Sauergräser (Cyperaceae)* wachsen bevorzugt an Moorrändern und feuchten Wiesen. Zu dieser Gruppe gehört auch das aus dem Zimmergarten bekannte *Zyperngras (Cyperus).*

● *Binsengewächse (Juncaceae)* sind die dritte Gräserfamilie. Im Garten kennt man z.B. die *Hainsimse (Luzula sylvatica)* oder *Marbeln (Luzula nivea).*

Ziergräser schneidet man erst im Frühjahr zurück: So bleiben sie ein schöner Blickfang im winterlichen Garten. Gepflanzt werden Ziergräser wie alle Stauden im Frühjahr oder im Herbst.

Ziergräser sind vor allem wegen ihres Blütenschmucks beliebt. Man kann damit bunte Stauden gliedern oder allzu dichte Pflanzungen auflockern. Obwohl Gräser meist nur eine Nebenrolle im Gartenschauspiel spielen, kommen sie als Einzelstaude gut zur Geltung – z.B. das hochwachsende *Pampasgras (Cortaderia selloana)* oder *Chinaschilf (Miscanthus floridulus).*

● Im Steingarten sind niedrigwachsende Grassorten beliebt: *Federgräser (Stipa)* oder *Blaustrahlhafer (Helictotrichon sempervirens* oder *Avena sempervirens)* kommen hier besonders gut zur Geltung.

● Unentbehrlich sind Gräser in einem Garten mit Teich: Erst mit *Rohrkolben (Typha angustifolia),* *Wasserschwaden (Glyceria maxima)* und

Abb. rechts Wimper-Perlgras

Wollgras (Eriophorum) wird der Gartenteich zum schön angelegten Feuchtbiotop.

Die schönsten Ziergräser

Pflanze	Botanischer Name	Wuchshöhe	Standort
Atlasschwingel	Festuca mairei	bis zu 120 cm	*einzelnstehend,* bei Staudenbeeten und Rabatten
Bärenfell- schwingel	Festuca scoparia	20 cm	Staudenbeete und Rabatten
Blauschwingel	Festuca cinerea	10 cm	Steingarten
Blaustrahlhafer	Helictotrichon sempervirens	50 cm	einzelnstehend, auch im Steingarten
Chinaschilf	Miscanthus sinensis	bis zu 200 cm	einzelnstehend, wassernah
Gartensandrohr	Calamagrostis x acutiflora	150 cm	einzelnstehend, vor Staudenbeeten und Rabatten
Japansegge	Carex morrowii	30 cm	Staudenbeete und Rabatten
Lampen- putzergras	Pennisetum alopecuroides	100 cm	einzelnstehend, Staudenbeete und Rabatten
Pampasgras	Cortaderia selloana	300 cm	einzelnstehend
Pfeifengras	Molinia arundinacea	100 bis 240 cm	einzelnstehend, Staudenbeete und Rabatten, wassernah
Reiherfedergras	Stipa barbata	100 cm	Steingarten, Staudenbeete und Rabatten
Riesensegge	Carex pendula	150 cm	einzelnstehend, Staudenbeete und Rabatten, wassernah
Rohrkolben	Typha angustifolia	250 cm	im Wasser oder am Ufer
Schneemarbel	Luzula nivea	25 cm	Steingarten, Staudenbeete und Rabatten
Silberährengras	Achnatherum calamagrostis	100 cm	einzelnstehend, Staudenbeete und Rabatten
Wollgras	Eriophorum latifolium, Eriophorum veginatum	60 cm	wassernah

Dezember
der Julmond

Der Dezember ist der zehnte Monat des römischen Kalenders (lat. decem = zehn). Als Weihnachts- oder Christmonat, wie die Bauern ihn nannten, war er im ländlichen Leben ganz der Hausarbeit gewidmet. Die kirchliche Weihnachtsfestzeit begann im Alpenvorland früher schon am 30. November, dem Andreastag, mit den »Klöpflnächten«: An den ersten drei Donnerstagen im Advent zogen die »Klöpfler« von Hof zu Hof, sangen Weihnachtslieder und bekamen dafür Geld oder wurden bewirtet. Ärmere Dorfbewohner konnten sich so etwas dazuverdienen.

Die Wintersonnenwende, die Wiedergeburt der Sonne am 21. Dezember, wurde von allen Völkern gefeiert.

Wie vieles aus der Weihnachtszeit stammen die Lich-
terbräuche aus heidnischer Vorzeit. Auch grüner
Tannenschmuck, blühende Zweige, Lebensrute und
-baum haben ihren Ursprung in uralten heidni-
schen Kulturen und wurden erst vor etwa 300 Jahren
zu unserem heutigen Christbaum.

Schütze
vom 23. November
bis zum 21. Dezember

Das finden Sie im Dezember

Dezemberkalender

1.	Blanka, Charles, Edmund, Eligius, Natalie
2.	Aurelia, Bibiana, Johannes, Luzius
3.	Emma, Franz Xaver, Gerlind, Modestus, Sola
4.	Barbara, Anno, Christian, Osmund
5.	Abigail, Gerald, Reginhard
6.	Albin, Dionysia, Henrika, Nikolaus
7.	Agathon, Ambrosius, Gerhald, Sigtrud
8.	Alfrieda, Edith, Konstantin, Sabina
9.	Eucharius, Leokadia, Valeria
10.	Angelina, Anton, Bruno, Herbert, Imma, Judith
11.	Arthur, Damasus, David, Ida, Tassilo
12.	Dietrich, Hartmann von Brixen, Johanna Franziska, Vizelin
13.	Benno, Emo, Jodok, Luzia, Ottilia
14.	Bertold von Regensburg, Franziska, Nikasius, Spiridon
15.	Cälian, Christiane, Ignaz, Wunibald
16.	Ado, Adelheid, Albine, Eusebius, Rainald, Tanko
17.	Jolanda, Lazarus, Viviana
18.	Desideratus, Philipp, Wunibald
19.	Abraham, Fridbert, Nemesius, Urban
20.	Amon, Eido, Heinrich, Hoger, Regina, Vitus
21.	Bezala, Hagar, Richard, Peter, Thomas
22.	Bertheid, Demetrius, Jutta, Marian
23.	Agnes, Dagobert, Gregor, Ivo, Viktoria
24.	Adam und Eva, Adela, Christoph, Irmina
25.	Anastasia, Eugenia, Theresia
26.	Dionysius, Richlind, Stephan
27.	Ezzo, Fabiola, Johannes, Rudger, Walto
28.	Franz, Hermann
29.	David, Jonathan, Lothar, Tamara
30.	Felix I., German, Richard, Sabinus
31.	Apollonia, Balduin, Gunther, Maro, Melanie, Silvester

	2001	2002	2003	2004	2005	2006	2007
1.	Sa ☾ ♊	So ☾ ♎	Mo ☽ ♓	Mi ☾ ♌	Do ● ♐	Fr ☽ ♈	Sa ☾ ♍
2.	So ☾ ♋	Mo ☾ ♏	Di ☽ ♈	Do ☾ ♌	Fr ☽ ♐	Sa ☽ ♉	So ☾ ♍
3.	Mo ☾ ♋	Di ☾ ♏	Mi ☽ ♈	Fr ☾ ♌	Sa ☽ ♑	So ☽ ♉	Mo ☾ ♎
4.	Di ☾ ♋	Mi ● ♐	Do ☽ ♈	Sa ☾ ♍	So ☽ ♑	Mo ☽ ♊	Di ☾ ♎
5.	Mi ☾ ♌	Do ☽ ♐	Fr ☽ ♉	So ☾ ♍	Mo ☽ ♒	Di ○ ♊	Mi ☾ ♎
6.	Do ☾ ♌	Fr ☽ ♑	Sa ☽ ♉	Mo ☾ ♎	Di ☽ ♒	Mi ☾ ♋	Do ☾ ♏
7.	Fr ☾ ♍	Sa ☽ ♑	So ☽ ♉	Di ☾ ♎	Mi ☽ ♓	Do ☾ ♋	Fr ☾ ♏
8.	Sa ☾ ♍	So ☽ ♒	Mo ○ ♊	Mi ☾ ♎	Do ☽ ♓	Fr ☾ ♋	Sa ☾ ♐
9.	So ☾ ♎	Mo ☽ ♒	Di ☾ ♊	Do ☾ ♏	Fr ☽ ♈	Sa ☾ ♌	So ● ♐
10.	Mo ☾ ♎	Di ☽ ♓	Mi ☾ ♋	Fr ☾ ♏	Sa ☽ ♈	So ☾ ♌	Mo ☽ ♐
11.	Di ☾ ♏	Mi ☽ ♓	Do ☾ ♋	Sa ☾ ♐	So ☽ ♈	Mo ☾ ♍	Di ☽ ♑
12.	Mi ☾ ♏	Do ☽ ♓	Fr ☾ ♋	So ● ♐	Mo ☽ ♉	Di ☾ ♍	Mi ☽ ♑
13.	Do ☾ ♐	Fr ☽ ♈	Sa ☾ ♌	Mo ☽ ♑	Di ☽ ♉	Mi ☾ ♎	Do ☽ ♒
14.	Fr ● ♐	Sa ☽ ♈	So ☾ ♌	Di ☽ ♑	Mi ☽ ♊	Do ☾ ♎	Fr ☽ ♒
15.	Sa ☽ ♑	So ☽ ♉	Mo ☾ ♍	Mi ☽ ♒	Do ○ ♊	Fr ☾ ♎	Sa ☽ ♒
16.	So ☽ ♑	Mo ☽ ♉	Di ☾ ♍	Do ☽ ♒	Fr ☾ ♋	Sa ☾ ♏	So ☽ ♓
17.	Mo ☽ ♑	Di ☽ ♉	Mi ☾ ♎	Fr ☽ ♓	Sa ☾ ♋	So ☾ ♏	Mo ☽ ♓
18.	Di ☽ ♒	Mi ☽ ♊	Do ☾ ♎	Sa ☽ ♓	So ☾ ♋	Mo ☾ ♐	Di ☽ ♓
19.	Mi ☽ ♒	Do ○ ♊	Fr ☾ ♏	So ☽ ♓	Mo ☾ ♌	Di ☾ ♐	Mi ☽ ♈
20.	Do ☽ ♓	Fr ☾ ♋	Sa ☾ ♏	Mo ☽ ♈	Di ☾ ♌	Mi ● ♐	Do ☽ ♉
21.	Fr ☽ ♓	Sa ☾ ♋	So ☾ ♐	Di ☽ ♉	Mi ☾ ♍	Do ☽ ♑	Fr ☽ ♉
22.	Sa ☽ ♓	So ☾ ♌	Mo ☾ ♐	Mi ☽ ♉	Do ☾ ♍	Fr ☽ ♑	Sa ☽ ♊
23.	So ☽ ♈	Mo ☾ ♌	Di ● ♑	Do ☽ ♉	Fr ☾ ♍	Sa ☽ ♒	So ☽ ♊
24.	Mo ☽ ♈	Di ☾ ♌	Mi ☽ ♑	Fr ☽ ♊	Sa ☾ ♎	So ☽ ♒	Mo ○ ♋
25.	Di ☽ ♉	Mi ☾ ♍	Do ☽ ♒	Sa ☽ ♊	So ☾ ♎	Mo ☽ ♓	Di ☾ ♋
26.	Mi ☽ ♉	Do ☾ ♍	Fr ☽ ♒	So ○ ♋	Mo ☾ ♏	Di ☽ ♓	Mi ☾ ♌
27.	Do ☽ ♉	Fr ☾ ♎	Sa ☽ ♒	Mo ☾ ♋	Di ☾ ♏	Mi ☽ ♈	Do ☾ ♌
28.	Fr ☽ ♊	Sa ☾ ♎	So ☽ ♓	Di ☾ ♋	Mi ☾ ♐	Do ☽ ♈	Fr ☾ ♍
29.	Sa ☽ ♊	So ☾ ♏	Mo ☽ ♓	Mi ☾ ♌	Do ☾ ♐	Fr ☽ ♉	Sa ☾ ♍
30.	So ○ ♋	Mo ☾ ♏	Di ☽ ♈	Do ☾ ♌	Fr ☾ ♐	Sa ☽ ♉	So ☾ ♍
31.	Mo ☾ ♋	Di ☾ ♐	Mi ☽ ♈	Fr ☾ ♍	Sa ● ♑	So ☽ ♉	Mo ☾ ♎

197

Wetter- und Bauernregeln

Den bunt geschmückten Adventskranz gibt es erst seit den zwanziger Jahren, obwohl man früher schon grüne geflochtene Kränze als »Ringzauber« gegen Unheil verwendete.

Der Dezember ist klimatisch gesehen die ungünstigste Zeit für Bauern und Gärtner: Jetzt gibt es oft Nebel, die längste Niederschlagszeit des Jahres, die meisten Wolken und wenig Licht. Entscheidend für dieses Wetter sind die Temperaturgegensätze zwischen Ost und West: Im Westen über dem Atlantik ist es noch warm, im Osten über dem Festland bereits bitterkalt. Die so entstehenden Luftdruckunterschiede machen unser Dezemberwetter aus. Dann ist es zwar oft kalt, aber nicht kalt genug für Schnee und beißenden Frost, der erst in den ersten Wochen des neuen Jahres kommt. Weiße Weihnachten gibt es – außer in den Bergen und im Voralpenland – bei uns kaum mehr. Denn selbst wenn es um den 20. Dezember herum eine Kältewelle mit Schnee gibt, ist die weiße Pracht bis Heiligabend meist schon wieder weggeschmolzen.

Fast vier Monate lang dauert der Winter, der offiziell am 21. Dezember beginnt. In den phänologischen Kalendern (Seite 7) der Schweiz und Österreichs gibt es den Winter als eigene Jahreszeit gar nicht. In beiden Ländern endet das Jahr mit dem Eintritt des Spätherbstes. Bei uns kennt man zwar den Winter im phänologischen Kalender, schreibt seinen Beginn aber auf Mitte November fest, das Ende der Arbeit auf dem Feld. Er dauert bis zum Vorfrühling, der mit dem Blühbeginn des Schneeglöckchens anfängt (bei uns am 10. März).

Im alten Rom beging man um die Wintersonnenwende die Feste des Gottes Saturn, die Saturnalien. Saturn galt als die schwarze Seite der Sonne. Im Winter jedoch zeigte er sich versöhnlich und machte so die Rückkehr des Frühlings möglich. Die alten Germanen kannten den Ebergott, den man zur Mittwinternacht opferte. Als Symbol für die Wiederauferstehung trug das Tier einen Apfel im Maul.

● Bauernregeln für den Dezember: Fällt auf Eligius (1.) ein starker Wintertag, die Kälte wohl vier Monat' dauern mag. Wenn's regnet am Bibianatag (2.), regnet's 40 Tag' und eine Woch' danach. Geht Barbara (4.) im Klee, kommt das Christkind im Schnee. Ist Ambrosius (7.) schön und rein, wird Sankt Florian (4. Mai) ein wilder sein. Sankt Luzia (13.) kürzt den Tag, so viel sie ihn kürzen mag. Ist Sankt Lazarus (17.) nackt und bar, gibt's ein schönes neues Jahr. Wenn Sankt Thomas (21.) dunkel war, gibt's ein schönes, neues Jahr. Wie's Adam und Eva (24.) spend't, bleibt das Wetter bis zum End'. Windstill muß Sankt Stephan

(26.) sein, soll der nächste Wein gedeih'n. Wind vor Silvesters (30.) Nacht, hat nie Wein und Korn gebracht. Silvesterwind (31.) und warme Sunn' wirft jede Hoffnung in den Brunn'.

Bauernpraktik: Wie wird das Wetter?

Die Bauern versuchten früher, aus den zwölf Tagen zwischen Weihnachten und dem Dreikönigstag für jeden Monat des kommenden Jahres eine Wettervorhersage abzuleiten. Auch der Wochentag, auf den der Heilige Abend fiel, war dabei von großer Bedeutung:

● Fällt der Christtag auf einen Sonntag (1995, 2000 und 2006), so folgt der »Bauernpraktik« nach ein warmer, guter Winter. Das Frühjahr wird sanft und naß, der Sommer heiß, trocken und schön, der Herbst feucht und windig. Ausreichend Wein und Korn in guter Qualität erntet man in solchen Jahren. Auch Honig gibt's genug, schmale Saat und Gartenfrüchte geraten hervorragend.

● Fällt der Christtag auf einen Montag (2001, 2007 und 2012), wird es weder einen zu kalten noch zu warmen Winter geben. Der Lenz wird gut, der Sommer windig. Im Herbst kann man mit viel Honig und Wein rechnen.

● Fällt der Christtag auf einen Dienstag (1996, 2002 und 2013), muß man im Winter mit viel Kälte und Schnee rechnen. Das Frühjahr zeigt sich mit Wind, der Sommer wird naß, der Herbst dagegen trocken. Wein und Korn gibt es genügend, jedoch nicht im Übermaß.

● Fällt der Christtag auf einen Mittwoch (1997, 2003 und 2008), wird der Winter wechselhaft – teils kalt, teils warm. Das Frühjahr wird übles Wetter bringen, der Sommer wird wechselhaft und der Herbst gut werden. Die Wein- und Kornernte fällt gut aus.

● Fällt der Christtag auf einen Donnerstag (1998, 2009 und 2015), wird der Winter gut mit Regen sein. Der Lenz wird windig, der Sommer wechselhaft, und im Herbst herrschen Regen und Kälte vor. Wein wird es mäßig geben, Honig nur wenig; Korn und Früchte dagegen genügend.

Die »Bauernpraktik«, in der die zwölf Rauhnächte (Seite 19) als Wetterpropheten für das kommende Jahr enthalten sind, läßt sich bis auf die alten Germanen zurückführen. Damals war der Ausgangstag natürlich nicht der Christtag, sondern die Wintersonnenwende.

199

● Fällt der Christtag auf einen Freitag (1999, 2004 und 2010), wird der Winter fest und stark. Auch das Frühjahr, der Sommer und der Herbst werden gut. Wein, Korn und Heu erntet man in solchen Jahren genügend und in guter Qualität.

● Fällt der Christtag auf einen Sonnabend (2005, 2011 und 2016), gibt es einen Winter mit viel Kälte und Schnee, aber auch trübe Tage mit viel Wind. Der Lenz wird »bös und windig«. Einem guten Sommer folgt ein trockener Herbst. Die Ernte fällt schlecht aus – es gibt nur wenig Korn und Früchte.

Volksglaube

In den Nächten der drei Donnerstage vor Weihnachten, den »Fahrnächten«, ging der »Pelzmahr« um und beschenkte die Kinder.

Um die Vorweihnachtszeit und das Fest selbst gibt es in jeder Region unzählige Sitten und Bräuche – nicht immer nur fröhliche, sondern auch geheimnisvolle und dämonische. Der 1. Dezember etwa soll der Jahrestag der Zerstörung von Sodom und Gomorrha gewesen sein. Alles, was man an diesem Tag anfing, mußte deshalb auch möglichst beendet werden.

Der 6. Dezember ist heute vor allem ein Kinderfest, an dem der heilige Nikolaus den braven Kindern Geschenke bringt. Sein Begleiter, Knecht Ruprecht oder auch Krampus genannt, war ursprünglich eine Schreckgestalt, die aus dem Reich der Dämonen und Geister auf die Erde gekommen war. Die Nächte ab dem 21. Dezember waren nämlich nach altem Volksglauben voller Spukerscheinungen. Nicht ohne Grund hat die Kirche etwa im vierten Jahrhundert den Tag der Geburt Christi vom 6. Januar auf den 25. Dezember vorverlegt. Geheimnisvolles, die Furcht vor Dämonen und Abwehrriten gegen böse Geister sind zwar heute aus der Rauhnacht des 24. Dezember verschwunden, doch etwas Ungewöhnliches hat sich erhalten: die Gottesdienstfeier um Mitternacht, die Christmette.

Der Thomastag (21. Dezember), der kürzeste Tag des Jahres, galt als Unglückstag: An ihm wurde der Überlieferung nach Luzifer aus dem Himmel verstoßen. Dieser Tag war der bestmögliche, um sich dem Teufel zu verschreiben. In der Thomasnacht – der längsten Nacht des Jahres – war es ursprünglich üblich, Blei zu gießen, um zu erfahren, was das nächste Jahr bringen würde.

Am Stephanstag (26.) geweihtes Wasser schützte Haus und Hof der Bauern vor Unsegen. Geweihtes »Stephanssalz« wurde als Rad geformt im Stall aufgehängt und bewahrte das Vieh vor Krankheiten. Salz wurde auch zum Weissagen verwendet: Am Weihnachtsvorabend häufte man etwas Salz auf einen Teller und ließ es über Nacht stehen. Bewegten sich kaum Körnchen vom Salzhügel, so würde das kommende Jahr günstig sein. Im anderen Fall sollte Krankheit drohen. Und: Wer sich an Weihnachten nicht satt aß, würde nach alter Überlieferung auch das ganze kommende Jahr über nicht satt werden.

Bis zur Kalenderreform 1582 war der 13. Dezember, an dem Sankt Luzia ihren Namenstag feiert, der kürzeste Tag im Jahr. Die Heilige Luzia hatte die Kirche von den alten Römern übernommen: Juno Lucino war die mächtige Göttin, die den Menschen Licht, Erleuchtung und Sehkraft schenkte und neugeborenen Kindern die Augen öffnete.

Blühende Zweige im Advent

Ist nach den ersten Frostnächten die Knospenruhe angebrochen, können Sie die Zweige früh-blühender Gehölze schneiden, um sie noch im Dezember zur Blüte zu bringen – so holen Sie sich mitten im Winter den Frühling ins Haus.

Gut geeignet sind alle *Kirschenarten (Prunus-Arten)*, aber auch die Zweige von *Pflaume (Prunus domestica)*, *Mandel (Prunus triloba)*, *Seidelbast (Daphne cneorum, Daphne mezereum)*, *Forsythie (Forsythia)*, *Kornelkirsche (Cornus mas)* oder *Schlehe (Prunus spinosa)*.

Kirschzweig

Am 4. Dezember ist der Tag der heiligen Barbara: Wer heute Zweige vom Kirschbaum oder Forsythienstrauch schneidet und sie ins Wasser stellt, wird die Barbarazweige an Weihnachten blühen sehen. Barbarazweige wurden auch als Liebesorakel angesehen: Es kam nämlich ganz darauf an, wer die Zweige schenkte . . .

Und so wird's gemacht: Schneiden Sie die Zweige ab und legen Sie sie zehn Minuten in ein 35 °C warmes Wasserbad. Danach schneiden Sie die Stiele möglichst unter Wasser an und stellen die Zweige in die Vase.

Pflanze des Monats:
Der Weihnachtskaktus

Alle Jahre wieder leuchten die Blüten des *Weihnachtskaktus (Schlumberga-Hybriden)* in prachtvollem Rot, Rosa oder Rotviolett – sogar mit weißen oder gelben Blüten wird er mittlerweile gezüchtet (Abbildung Seite 194). In seiner Heimat Brasilien lebt dieser Kaktus auf den Bäumen als Epiphyte (so nennt man die Wuchsart in Rindenspalten, Astgabeln oder Mulden hoher Bäume), bei uns wächst er »ganz normal« im Blumentopf. Um ihn zum Blühen zu bringen, darf er aber nicht zu warm stehen. Am liebsten hat er es, wenn er im Herbst kühl steht und etwa einen Monat lang auch nicht gegossen wird, um die Blütenbildung anzuregen. Die Blüten entwickeln sich bestens, wenn er ab Dezember zwischen 18° bis 20°C warm steht. Der Weihnachtskaktus mag es hell oder halbschattig. Sobald die ersten Knospen erscheinen, sollten Sie den Kaktus besprühen und ihn nicht mehr bewegen oder an einen anderen Platz stellen, da er sonst seine Blüten verlieren kann. Der Weihnachtskaktus läßt sich leicht vermehren (Seite 118): Abgetrennte, trockene Kopfstecklinge steckt man von Frühjahr bis Sommer in mit Sand vermischte Erde (Gewichtsverhältnis Sand/Erde 1:4).

Auch wenn der Weihnachtskaktus nicht allzuviel Wärme verträgt: Wenn Sie ihn auf die Fensterbank stellen, sollten Sie darauf achten, daß er beim Lüften auf keinen Fall kalter Zugluft ausgesetzt wird!

▶ **Tip:** Ähnlich wie der Weihnachtskaktus blüht und gedeiht auch der *Osterkaktus (Rhipsalidopsis)*. Er bekommt seine Knospen nach mindestens einmonatiger Ruhezeit im Frühjahr. Der Osterkaktus eignet sich sehr gut als Ampelpflanze, da seine gezipfelten Blütenblätter herabhängen. Er steht ganzjährig hell bis halbschattig im Zimmer. Seine Ruhephase hat er von Dezember bis Januar: In dieser Zeit sollten Sie ihn kaum gießen und bei höchstens etwa 10 °C stehen lassen. Wenn sich die ersten Blütenknospen bilden, kann er bei normaler Temperatur wieder ins Wohnzimmer geholt werden.

Weihnachtsbaum einmal anders

Jetzt im Dezember sollten Sie sich Zeit nehmen, das vergangene Gartenjahr noch einmal zu überdenken. Sie haben angefangen, umweltbewußt zu gärtnern? Dann ist es vielleicht auch die Überlegung wert, ob ein Weihnachtsbaum unbedingt sein muß – angesichts des Waldsterbens sicher kein so fernliegender Gedanke.

Selbst wenn Sie einen Baum im Topf kaufen: Irgendwann reicht der größte Garten nicht mehr aus, um all die vielen Fichten und Tannen aufzunehmen. Holen Sie sich statt dessen lieber einen Nadelbaum in den Zimmergarten, den Sie dann zum Heiligabend festlich schmücken. Hübsch sieht z.B. eine *Zimmertanne (Araucaria herterophylla)* aus. Auch die *Zimmerzypresse (Cupressus macrocarpa)* kann durchaus als Christbaumersatz dienen. Beide Pflanzen sollten im Winter zwar generell kühl stehen, halten aber ein paar Tage im warmen Weihnachtszimmer gut aus.

Wenn Weihnachten ohne Weihnachtsbaum kein »richtiges« Fest ist, tut's vielleicht auch ein großer Fichten- oder Tannenzweig. Wenn er genau zur richtigen Zeit geschnitten und kühl gelagert wird – nach den Mondregeln (Seite 9) drei Tage vor dem elften Neumond im Jahr (2001 am 15., 2002 am 4. und im Jahr 2003 am 24., November) –, werden Sie auch kaum Probleme mit den Nadeln bekommen.

Wenn man einen Baum in den ersten acht Tagen nach dem Dezemberneumond in Waage, Löwe oder Jungfrau schlägt, erhält man festes Holz für Werkzeug oder Möbel. Dieses Holz wurde früher »Gleim« genannt (»wie geleimt«), denn es verzieht sich nicht, sondern bleibt fest.

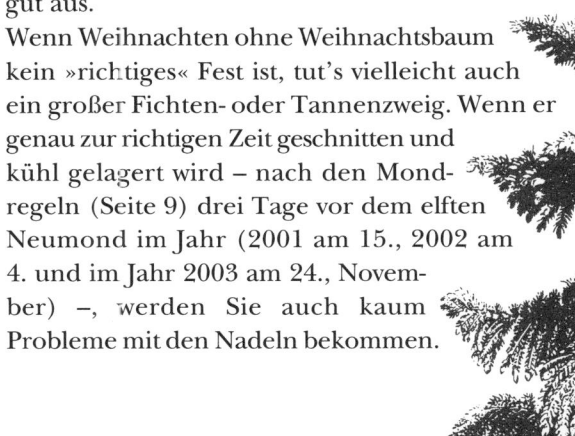

Zimmertanne

203

Was im Dezember zu tun ist

Allgemeines

- ◆ Gartengeräte reinigen, einfetten und einräumen (Seite 45)
- ◆ Letztes Herbstlaub zusammenrechen und auf den Kompost (Seite 91) geben (auf dem Rasen sollte möglichst wenig Laub liegenbleiben, damit sich keine Pilzkrankheiten entwickeln)
- ◆ Wasser im Garten abstellen; Gartenschlauch und Wasserleitung entleeren
- ◆ Vogelfütterung vorbereiten (Seite 188)

Ziergarten

- ◆ Empfindliche Pflanzen durch Abdecken vor Frost schützen (Seite 177)
- ◆ Staudenbeete und Baumscheiben (Seite 178) mulchen (Seite 93)
- ◆ Pampasgras oben zusammenbinden und den Wurzelbereich anhäufeln (Seite 189)
- ◆ An milden Tagen Ziergehölze auslichten (Seite 40)
- ◆ Knollen- und Blumenzwiebeln im Winterlager überprüfen (Seite 144)
- ◆ Gartenteich an einer kleinen Stelle immer eisfrei halten
- ◆ Bei Trockenheit neugepflanzte Stauden und Gehölze gießen (vor allem die Immergrünen, Seite 178)

Gemüsegarten

- ◆ Frühbeet vor starken Frösten schützen (mit Brettern oder Noppenfolie abdecken, Seite 38)
- ◆ Ernten: Winterlauch, Feldsalat, Rosenkohl, Grünkohl
- ◆ An frostfreien Tagen ernten: Meerrettich, Topinambur, Pastinaken
- ◆ Mehrjährige Kräuter aus südlichen Ländern (z.B. Salbei, Thymian, Rosmarin) mit Winterschutz versehen (Seite 177)

Obstgarten

- ◆ Obstlager öfter lüften (Seite 160); angefaulte Früchte ggf. entfernen
- ◆ An milden, frostfreien Tagen Obstbäume und Beerensträucher auslichten (Seite 40)

Balkon

- ◆ Schnittlauch aus dem Balkonkasten, dessen Wurzelballen einmal durchgefroren ist, auf der Fensterbank bei 18 °C treiben lassen
- ◆ Winterharte Kübelpflanzen durch Abdeckung schützen (Seite 177)

Sonstiges

- ◆ Gartentagebuch auswerten, fürs neue Jahr planen (Seite 28)

Blüten im Winter: Schneeheide

Schnee und Frost sind ihr ganz gleichgültig: Die *Schneeheide* läßt sich nicht davon abhalten, im Winter zu blühen. In der Natur kommt sie im Gebirge vor – kein Wunder also, daß dieses Gewächs sich erst an kalten Tagen richtig wohl fühlt. Die Blütenknospen legt diese Pflanze übrigens sehr früh an – meist schon im Juni –, doch sie brauchen Monate, um sich zu entwickeln. Die Schneeheide blüht mehrere Wochen lang und ist auch auf Balkon und Terrasse ein hübscher Blickfang.

Die schönsten Schneeheiden

Sortenname	Blütenfarbe	Blütezeit
»Alba«	weiß	Februar bis April
»Atrorubra«	karminrot	Januar bis März/April
»Aurea«	dunkelrosa	Februar bis April
»Cecilia M. Resio«	weiß	Dezember bis März/April
»Ellen Porter«	karminrot	November bis April
»Rubra«	rot	Dezember bis März
»Ruby Glow«	rosarot	März bis April/Mai
»Springwood Pink«	hellrosa	Februar bis April
»Springwood White«	weiß	Februar bis April
»Snow Queen«	weiß	Januar bis März/April
»Startler«	dunkelrot	Februar bis April
»Urville«	frischrosa	Februar bis März
»Vivellii«	dunkelrosa	Februar bis März/April
»White Beauty«	rosa	Dezember bis März/April

Nützliche Adressen

Wenn Sie Rat und Hilfe brauchen und Sie kein Gartencenter bzw. keine Baumschule in der Nähe haben oder wenn Sie besonders ausgefallene Pflanzen suchen, können Sie sich an folgende Adressen wenden:

Bezugsquellen für Samen und Pflanzen:

- Sperli Samen; Hamburger Str. 35, 21339 Lüneburg
  Tel. 0 41 31 / 3 01 70, email info@sperli-samen.de
- Südflora; Stutsmoor 42, 22596 Hamburg Postfach 520604
  Tel. 040 / 8 99 16 98, Fax 040 / 8 90 11 70
- Naturwuchs; Bardenhorst 15, 33739 Bielefeld
- Ibero Import; Bahnhofstr. 12, 37249 Neu-Eichenberg
- Dehner; Aidenbachstr. 203, 81479 München-Solln,
  Tel. 089 / 74 99 40 80, Fax 089 / 7 91 47 61
  und unter www. dehner.de
- Versandgärtnerei Koitzsch; Arheiliger Str. 16, 64390 Erzhausen
- Baumschule Eberts; Saarstr. 3–5, 76530 Baden-Baden,
  Tel. 0 72 21 / 5 07 40
- Gärtner Pötschke; Postfach 20 22 20, 41564 Kaarst
- Rijk Zwaan; Welver Str. 1, 59514 Welver, Tel. 0 23 84 / 50 10
  Fax 0 23 84 / 50 11 10 und 50 11 33
- R. Bucher; Wingertsweg 6, 64343 Seeheim-Jugenheim
- C. Appel; Bismarckstr. 59; 64293 Darmstadt
  Tel. 0 61 51 / 92 92-0
- Blauetikett Bornträger GmbH; Postfach 130, 67591 Offstein
  Tel. 0 62 43 / 90 53 26
- Flora Mediterranea; Königsgütler 5, 84072 Au,
  Tel. 0 87 52 / 12 38
- Ahornblatt GmbH; Postfach 11 25, 55001 Mainz
  Tel. 0 61 31 / 7 23 54, Fax 0 61 31 / 36 49 67

Informationen über Schädlinge bzw. Nützlinge erhalten Sie bei:
- Institut für Gemüsebau der Fachhochschule Weihenstephan;
  85356 Freising
- Neudorff GmbH; Postfach 12 09, 31857 Emmerthal